한 번 읽은 책은 절대 잊지 않는다

더 이상 시간을 낭비하지 않는 어른의 독서

한 번 읽은 책은 절대 잊지 않는다

허필우 지음

RHK
알에이치코리아

독서는 인생에서 투자 대비 가장 좋은 성과를 낸다

어쩌다 책 한 권 읽는 게 이토록 어려운 일이 되었을까?

이는 책보다 재미있는 콘텐츠가 60초 안에 펼쳐지는 유튜브 환경에 길들여졌기 때문이기도 하지만 가장 큰 이유는 가성비, 즉 책을 읽기 위해 들인 시간과 비용 대비 독서의 효과가 크게 느껴지지도, 길게 가지도 않기 때문이라 본다. 분명 재미있게 읽었으나 그 책의 감상을 분명하게 말하지 못할 때가 많고, 심지어 무슨 책을 읽었는지 기억하지 못해서 다시 사는 일도 더러 있지 않은가? 독서는 가성비가 좋지 않다.

재미있는 지점은 가성비가 나빠도 사람들은 여전히 독서에 관심이 많다는 것이다. 종종 사람들과 이야기하다 보면 평소 책을 잘 읽지 않는 사람도 독서와 관련된 이야기를 하면 귀를 쫑긋 세우고 나의 독서법을 캐묻는다. 꾸준히 할 수 없었을 뿐, 다이어트나 외국어 학습처럼 모두가 책 읽기를 끊임없이 시도하고 있었다.

그렇다면 독서의 가성비를 높이는 방법이 없을까? 먼저 나의 독서 목록을 정리한 파일을 열었더니 지금까지 읽은 책이 천 권을 훌쩍 넘었다. 나는 가로와 세로 길이가 각각 1m 정도 되는 종이에 읽은 책의 제목들을 쓰며 독서 지도를 그려보았다. 같은 저자가 쓴 책은 면으로 연결하고, 주제와 소재가 비슷한 책은 선으로 연결했다. 많은 책이 연결 고리를 찾아서 길게 늘어섰다. 신기하게도 책 제목만 봐도 책을 읽었던 당시의 느낌이 살아났다. 어떤 책들은 내용까지 선명하게 떠올랐다. 어디서 읽었는지, 어느 계절에 읽었는지 기억나는 책도 있었다. 신기하네! 내 기억력이 그리 좋은 편이 아닌데?

금방 답을 찾았다. 나의 특별한 독후활동 덕분이었다. 예전의 나는 책을 읽은 후 책 속의 문장을 옮겨쓰고, 독후감을 적었다. 하지만 독후감은 시간과 품이 많이 드는 일이어서 매번 책을 읽고 나서 글을 쓴다는 게 쉽지 않았다. 그러다 2015년 김정운 교수의 《에디톨로지》를 읽고 난 후, 독후감 대신 독서카드를 쓰기 시작하면서 나의 독서는 새로운 전기를 맞았다. 한 번 읽은 책은 절대 잊지 않는 독서법은 이렇게 구축했다.

내가 개발한 독서카드는 책 속의 문장을 옮겨 쓰고^{Copy}, 핵심 내용을 정리하고^{Contents}, 중요한 지식 또는 위로를 얻은 것^{Gain}, 내게 일어난 변화^{Change}를 쓰도록 구성되어 있다. 이렇게 작성하면 카드 한 장이 곧 책 한 권이 된다. 책 내용을 찾아보기 위해 파일을 찾거나 앱을 열 필요도 없다. 그냥 손을 뻗어 해당하는 책의 독서카드를 집으면 된다. 일이 잘 풀리지 않을 때, 상처받은 일이 있을 때에도 수납장에서 카드만 꺼내 읽다 보면 거인의 어깨에 올라탄 듯 새로운 생각을 펼칠 수 있게 되었다.

이 책은 그동안 천 권의 책을 읽으며 가장 효과적인 독서법을 고민한 기록이다. 시중에는 수많은 전문가가 책을 읽고 독후활동을 하라고 권하지만, 막상 독후감을 적으려고 하면 선뜻 쓸 수 없다. 하지만 이 책에 적힌 대로 따라 하면 누구나 손쉽게 독후감을 쓸 수 있게 된다. 이 책에서 제시하는 독서법은 의지력을 사용할 필요가 없는 방법이다. 그저 이 책을 읽기만 하면 된다.

나는 독서를 통해서 정신적으로 성숙해졌다. 주위에서 "과장님은 언제 화를 내시나요?"라고 물을 정도로 직장에서 화를 낸 기억이 까마득하다. 책을 많이 읽다 보니 타인의 처지에서 생각

독서는 인생에서 투자 대비
가장 좋은 성과를 낸다

하게 되고, 아무리 큰일을 당해도 긴 호흡으로 사건을 볼 수 있을 만큼 시야가 넓어졌다. 집에서는 위대한 사상가들이 쓴 문장을 읽으며 나의 마음을 위로하고, 직장에서는 친절한 동료, 늘 웃는 상사로 상대를 위로하며 점차 내 업무 능력까지 인정받았다.

책을 읽으며 요약 기술과 핵심을 파악하는 능력을 터득했고 이를 업무에 적용해서 빠르게 승진했다. 해결하기 힘든 민원, 단 몇 개월 만에 새로운 기관을 만드는 일, 중앙 부처 평가를 통해 예산을 받는 경쟁, 대기업을 지역에 유치하는 업무에서 나의 능력은 두드러졌다. 책을 읽고 글을 쓰는 게 축적되면서 군더더기 없이 설득력을 갖춘 보고서를 작성할 수 있게 되었다. 여러 장의 독서카드를 편집하는 훈련을 통해서 창의성을 높였다. 독서는 내게 더 많이 읽으라고 부추겼고 더 배우라고 권했다. 배움의 기쁨을 더 즐기기 위해 대학원 과정에 진학했다. 박사 과정 수료와 동시에 학위를 땄고 겸임교수도 지냈다. 책이 없었다면 꿈도 꾸지 못할 일이다.

1장은 평생 책을 읽지 않고 살았던 내가 어떻게 책을 읽게 되었는지와 초보자의 독서법을 소개한다. 2장은 책을 읽고 달라진 나의 모습을 담았다. 앞으로 책을 제대로 읽게 된다면 반드시 나와 같은 변화를 경험하게 될 것이다. 이 책의 핵심은 3장에 있다.

자신의 인생에서 게임 체인저Game Changer가 되는 기회를 잡는 방법, 즉 게인 체인지Gain&Change 카드(일명 GC카드)를 사용하는 독서법을 소개하고 있다. 4장과 5장은 평생 독서를 지속할 수 있도록 독서 루틴과 연결 독서, 추가적인 독서 기술을 안내한다. 6장은 GC카드를 실생활에 어떻게 활용할 수 있을지를 담았다.

가장 간단한 방법을 제시하기 때문에 읽고 나면 즉시 실천할 수 있다. 한 번만 읽어도 오래 책을 기억하고 싶다면 3장과 4장을 먼저 살펴봐도 좋다. 회사에서 업무 성과를 내지 못해 고민이라면 GC카드를 기반으로 업무를 추진해보자. GC카드는 자녀를 교육하거나 정서적 교감을 나눌 때도 유용하게 사용할 수 있다.

20년 넘게 읽고 쓰기를 반복하면서 축적된 경험과 노하우를 이 책에 온전히 담았다. 이 책의 독서법과 함께라면 '독서는 인생에서 투자 대비 가장 좋은 성과를 내는 방법'이 될 것이다. 부디 이 책을 통해 삶을 다시 일으키는 폭발적인 변화를 경험하길 바란다.

2023년 12월
허필우

독서는 인생에서 투자 대비
가장 좋은 성과를 낸다

차례

1장

책을 읽지 않아도 사는 데 지장이 없을까?

서른 넷,
아는 게 바닥났다

흔히 독서를 '마음의 양식'이라 한다. 하지만 우리 삶은 복잡해서 책을 읽지 않아 허기진 마음 상태가 금세 겉으로 드러나는 것은 아니다. 〈2021년 국민 독서실태 조사〉*에 따르면 1년간 책을 한 권도 읽지 않는 사람이 전체 성인의 절반이 넘는다. 나도 결혼하고 직장생활을 하면서 책 없이 잘 살아왔다. 그런데 그건 30대 초반까지만 유효했다.

돌이켜보면 나는 그때까지 생각 없이 결정한 일이 한두 가지

* 한국출판연구소, 〈2021년 국민 독서실태 조사〉, 문화체육관광부, 2021년 12월 30일.

책을 읽지 않아도
사는 데 지장이 없을까?

가 아니었다. 삶의 커다란 변곡점에서 심사숙고하지 않았다. 다양한 선택지를 두고도 비교하는 노력조차 하지 않고 뭐든 쉽게 결정했다. 고등학교 3학년, 대입 원서를 쓸 때였다. 당시는 원하는 대학교에 입학 원서를 넣고 시험을 치르는 학력고사 제도가 시행되던 때였다. 학교를 정하고나면 1지망부터 3지망까지 가고 싶은 순서대로 학과를 써야 했는데 담임선생님과 상의해 1지망은 공과대학 학과를 골랐고 2지망과 3지망은 아무 곳이나 써달라고 했다. 선생님은 입시 요강을 훑어보다가 눈에 띄는 학과를 선택해서 칸을 채웠다. 나는 2지망 학과에 합격했다. 그제야 생물학과를 지원했다는 게 눈에 들어왔다. 물론 3지망은 어디에 썼는지 기억도 나지 않는다.

대학교에 입학할 때까지 내가 읽은 책이라곤 《조선왕조실록》과 《바람과 함께 사라지다》단 2권뿐이었다. 《조선왕조실록》은 조선의 역사가 궁금해서 읽었다기보다는 순전히 재미로 읽었다. 음모를 꾸미고 정권을 잡았다가 다시 핍박받는 파벌 싸움, 조선 왕들의 엉뚱한 행동, 왕족 친인척 간 집안싸움을 다뤄 시간 가는 줄 모르고 읽었다. 《바람과 함께 사라지다》는 중학교 3학년 때, 우연히 들른 서점에서 표지 그림이 마음에 들어서 샀었다.

대학에 가서도 전공책 외에는 읽은 책이 없었다. 20대의 그 많은 시간을 뭘하며 보냈던 걸까? 친구 따라 거리에서 구호를 외쳐보기도 하고 연구실에서 새우잠을 자기도 하며 대학 생활을 보냈지만, 이렇다 할 기억은 없다. 그렇다고 크게 좌절하지도 않았다. 고민거리로 방황한 적이 없으니 진로도 남보다 쉽게 정했다. 대학교를 졸업하고서 애인(지금의 아내)을 따라 공무원 시험을 쳤다. 지금보다 경쟁이 덜했던 탓에 길지 않은 수험 기간을 보내고 합격한 후 서둘러 결혼했다. 13평 전세 아파트에서 아이를 낳고 기르며 서른에 직장생활을 시작했다. 그때까지도 책은 내게 먼 존재였다.

좀 더 생각과 고민을 깊이 하고 살았더라면 내 삶이 다르게 펼쳐졌을까? 과거에 대학교 원서를 쓸 때 나의 관심이 무엇인지 깊이 고민해 2지망, 3지망 학과를 선택했더라면 어땠을까? 대학원 진학을 두고 과연 공부를 계속하는 것이 맞는지 좀 더 고민했었더라면? 졸업 후 직업을 택할 때도 마찬가지다. 1990년대는 조금만 노력하면 다양한 선택지를 가질 수 있는 시절이었지만 타인의 선택을 고민 없이 따라갔다. 눈에 보이는 길로만 걸었다. 보이지 않는 것에 대한 고민은 없었다. 그렇게 살아도 불편함이 없었으니까.

불편함이 없다고 해서 잘 산 것일까? 후회는 늦게 오는 법이다. 직장을 다니면서 내게 닥친 여러 가지 일들을 겪으며 '나는 과연 혼자 힘으로 세상을 살아갈 수 있는 인간인가?' 하는 의문이 들었다. 그때의 나는 의견도 주장도 없는 한없이 초라한 존재였다.

주장도, 의견도 없는 성인이 되었다

나는 9급 공무원으로 동 주민센터에 첫 발령을 받았다. 내가 맡은 업무 중 하나는 새마을지도자 단체를 지원하는 일이었다. 주민센터에 근무를 시작하고 얼마 지나지 않아 새마을지도자 월례회가 다가왔다. 전임자가 알려준 대로 회의 자료를 작성하고 동장에게 결재를 받으러 갔다. 동장은 나에게 이런저런 내용을 수정하라고 했고, 나는 그대로 고쳐서 다시 결재를 올렸다. 한두 번 수정으로 끝날 줄 알았던 그날 2층 동장실을 여덟 번이나 왕복했다. 사회생활을 시작하고 처음 겪는 충격이었다. 마지막 확인을 받고 동장실에서 내려오다가 마주친 선배 직원이 내게 말했다.

"너 이제 동장한테 찍혔어."

겉으로는 '생각 없음'이 드러나지 않는 성인이었지만, 직장생활을 시작하자마자 나는 크고 작은 문제에 부딪히게 되었다. 처음에야 "그럴 수 있어, 괜찮아"라며 주위에서도 신입 직원을 격려하는 분위기였다. 그러나 시간이 갈수록 동료 직원에게도, 주민에게도 환영받지 못하면서 식사나 회의 자리에서 구석으로 밀려나는 존재가 되기 시작했다. 나는 겨우 밥벌이나 하는 수준이었고, 자기주장을 펼칠 정도의 지식도 없었다. 그러니 내게는 의견이란 게 있을 리 만무했다. 동장으로부터 지시받은 문서를 여러 번 수정하다 보면 결국 처음 문서와 비슷하게 돌아가는 것 같았다. 그 과정에서 나는 별다른 의견을 제시하지 못한 채 우물쭈물하면서 빨간 펜이 휘갈겨진 종이를 들고 동장 방에서 나왔다. 상황은 구청으로 발령받고 나서도 마찬가지였다.

나는 팀 막내로 구청장이 참석하는 각종 행사를 준비해야 했다. 씨름, 바둑, 낚시 대회처럼 주민들이 함께하는 대회였는데 주말에 개최되니 끝나고 직원들끼리 뒤풀이를 하면 주 6일을 꼬박 늦게 들어가기 일쑤였다. 그 여파는 그대로 집까지 전해졌다. 평일은 평일대로 일 때문에 귀가가 늦고, 주말에도 늦게 들어오니 아내의 불만은 폭발 직전이었다. 맞벌이였는데도 육아는 순전히 아내 몫이었다. 내가 그때 조금이라도 아내의 입장을 헤아리고, 직장에서도 내 목소리를 낼 줄 알았다면 더 유연하게 맡은 일을 하면서 가정도 돌볼 수 있었을 것이다. 그러나 나는 누군가의 의견이나 요청에 '아니오'라고 말하지 못하고 침묵했다.

자신의 생각을 드러내고 주장하는 방법은 다양하다. 말만이 아닌, 비언어적인 행동과 표정만으로도 의사전달이 가능하다.

책을 읽지 않아도
사는 데 지장이 없을까?

늦깎이 사회 초년생이었지만 나는 서른이 넘는 성인이었다. 그런데 나는 왜 의견이 없었던 것일까? 결국 가정이 파탄 나기 직전에 인사담당자에게 부서를 옮겨달라고 이야기했다.

내가 침묵했던 건, 반박할 줄 몰라서였다. 뭘 모르는지조차 모르니 탐구심도 없었다. 탐구심이 없으니 더욱더 할 줄 아는 것이 없는 악순환이 반복되었다. 인간과 동물을 구분 지을 수 있는 건 인간은 동물과 다르게 사고를 한다는 점이다. 그러나 이때의 나는 생각하지 않는 인간이었다.

4년 차 직장인,
시키는 것만 해도 버거웠다

1990년대 후반, 지방공무원 업무 중에 지금은 상상조차 할 수 없는 업무들이 있었다. 새마을 청소라는 명목으로 거리 휴지 줍기, 인도 껌딱지 떼기, 벽보 제거는 일주일마다 꼭 치러야 하는 업무였다. 제일 힘들었던 일은 쓰레기 덤프 차량에 들어가서 쓰레기 종량제를 위반한 검은 비닐봉지를 뒤지는 것이었다. 검정 비닐봉지 안에서 발견된 카드 영수증, 우편물 봉투로 버린 사람을 찾아내서 과태료를 부과하는 일은 공무원의 몫이었다. 나를 힘들게 하는 것은 이뿐만이 아니었다. 동 주민센터에 발령받고 얼마 지나지 않아 나는 직원 한 명과 함께 벽돌 몇 장을 들고 관

책을 읽지 않아도
사는 데 지장이 없을까?

내 아파트 세대마다 방문해 초인종을 눌렀다.

우리는 문을 연 주인에게 취지를 설명하고 집안 화장실로 들어갔다. 함께 온 직원이 현관에서 기다리는 동안 나는 변기 물통에 벽돌을 넣고 나왔다. 소위 '절수 운동'을 위한 것이었다. 그때는 벽돌을 손에 든 남성이 문 앞에 서 있어도 공무원이라고 하면 흔쾌히 문을 열어줬다(물론 지금은 어림도 없다). 일주일마다 벽돌 넣기 실적, 새마을 청소 참석자 수, 종량제 위반자에 대한 과태료 부과 실적을 구청에 보고해야 했다. 구청 담당자는 실적에 순위를 매겨서 다시 동 주민센터에 보냈다. 받은 순위는 또 다른 스트레스였다.

동 주민센터에서 구청으로 전입하고는 새로운 일을 맡긴 했지만, 대부분 지시에 충실히 따르거나 반복적인 서류 작업만 계속했다. 깊이 생각하지 않고도 해낼 수 있는 일을 할수록 무기력해졌다. 주위를 둘러보니 다른 동료와 선배 공무원들은 별다른 불만 없이 잘 다니는 것 같았다. 그때도 허심탄회하게 나의 고민을 동료와 선후배에게 털어놓고 좀 더 많이 소통했더라면 오랫동안 무기력에 빠지지 않았을 것이다.

일자리 제공 전문기업이 직장인 1,019명을 대상으로 '직장인의 첫 취업'에 대해 조사한 결과, 첫 직장을 선택한 이유로는 '취업이 급한 상황이어서(35.4%)'를 가장 많이 답했다고 한다. 이러한 설문 결과만 봐도 자신이 원하던 곳에서 사회생활을 시작하기가 쉽지 않음을 알 수 있다. 첫 직장에서의 근무 기간에 대한 답을 보면 더 놀랍다. '1년 이상 2년 미만'이 30.2%로 가장 많았고 '6개월 이상 1년 미만'이라고 밝힌 응답자가 21.6%로 그다음 순이었다. '6개월 미만'이라는 응답도 13.1%였다. 종합해보면 직장인의 65%가 첫 직장에서 2년도 채 근무하지 못하고 그만둔다. 그만둔 이유는 '근무 환경, 복지에 대한 불만(31.9%)'이라는 답변이 가장 많았다. 그다음은 '회사생활이 생각했던 것과 달라서(20.6%)', '급여 수준이 좋지 않아서(14.9%)'라고 응답했다.•

　이 설문조사는 많은 수의 구직자가 자신의 선호와는 상관없이 직장을 선택하며 그 결과 짧은 시간 동안 근무하고 그만둔다는 것을 통계적으로 보여주고 있다. 직장은 밥벌이 수단이기도 하지만 가장 많은 시간을 보내며 삶의 의미를 찾는 곳이기도 하다. 위에서 인용한 설문조사 결과처럼 나도 공무원 4년차에 접어들자 일을 그만두고 다른 직장을 찾을까 하는 고민이 생겨나기 시작했다. 직장생활을 하면서 품는 불만이 아니라, 나 자신을 향한 무기력함이 몰려왔기 때문이다. 나 혼자의 힘으로 할 수 있는 일은 아무것도 없었고, 오직 상사가 시키는 일만 해야 했다.

• 매일경제, '직장인 10명 중 4명, 첫 직장 1년 내 퇴사… 이유 들어보니', 2020년 1월 24일.

이유도 궁금하지 않았다. 무기력은 피로감과 의욕 저하를 일으켰고 이는 또 다른 형태의 무기력으로 이어지는 악순환이 반복되었다. 점차 많은 날을 술에 의지했다. 당장 외부 환경을 바꾸는 힘이 내게는 없었고, 먹고살아야 하니 이직할 엄두를 내지 못했다. 직장 내에서도 어느 주민센터에 근무할지, 구청 어느 부서에 근무할지, 근무 장소를 선택할 힘도 의지도 없었다. 답답한 13평짜리 아파트 전세도 근근이 마련한 주제에 사는 곳을 옮길 수도 없었다. 시도해 볼 만한 것은 나 자신을 바꾸는 수밖에 없었다. 그러다 아내가 읽고 놓아둔 책이 눈에 띄어 뒤적였다. 이거라도 읽어볼까?

아내의 지적으로 시작된 독서

아내는 나와 달리 틈날 때마다 책을 읽었다. 결혼 후에 직장생활과 육아를 함께 하면서도 손에서 책을 놓지 않았다. 그래서 그런지 말솜씨가 좋았다. 부부간에 대화할 시간이 있을 때면 아내는 가끔 나에게 어휘력이 부족하다고 지적했다. 내가 알맞은 단어로 표현하지 못하거나 아예 잘못된 단어를 사용한다는 것이다.

어휘력의 의미는 '어휘를 마음대로 부려 쓸 수 있는 능력'이다. 정확한 어휘와 표현을 사용해야 함은 작가들에게만 해당되는 일이 아니다. 많은 어휘를 가지고 사용할 수 있다는 건 그만큼 상식이 풍부하고 세상을 보는 눈이 넓다는 뜻이다. 따라서 어휘력은 말과 글을 통해 타인과 소통하고자 하는 모든 사람에게도 필요한 능력이다. 서른 중반이 되어 안정적인 직장에 다니면서 가정을 꾸린 나 스스로를 어엿한 어른이라 여겼지만, 실제로는 그다운 어휘력을 갖추지 못했다. 무엇이든 깊이 생각하면 할수록 그 생각이 어휘를 찾고, 다시 그 어휘가 새로운 생각을 형성하다 보면 자연스레 내면의 틀도 단단해진다. 아내는 이런 사유가 없는 나의 문제점을 에둘러 표현한 것이다. 아내의 지적에 나도 뭔가 해야겠다는 생각이 들었다. 어휘력이 부족하다고 하니 일단 책부터 읽어야겠다고 생각했다.

나는 당시에 유행처럼 번졌던 '지식정보'라는 흐름에 따랐다. 읽고 나면 스스로 똑똑해지고 지식인이 된 듯한 기분을 느낄 수 있는 책들을 한두 권씩 골라 읽기 시작했다. 그 이후에 독서는 아내와 내가 함께하는 취미생활이 되었다. 지금이야 독서가 나에게 취미 이상의 의미가 있으나, 독서가 내 인생을 송두리째 바꿨다는 걸 깨닫기까지는 나중의 일이다.

읽어야지 하면서도
읽지 못하는 이유

책이 돌파구가 될 수 있겠다는 생각이 들자 시간이 날 때마다 한 두 권씩 책을 읽기 시작했다. 그렇게 독서를 시작했지만 읽어도 그때뿐 남는 것이 없었다. 불과 며칠 전에 읽은 책의 내용도 기억하지 못했다. 바쁜 시간을 쪼개어 책장을 넘기기는 했지만, 계속 이어지지 않았다. 한동안 읽다가도 재미없어서 그만두고, 누군가 책과 관련된 이야기를 하면 다시 책을 뒤적이는 불규칙한 독서가 계속되었다. 간절함이 덜해서였을까? 그때만 해도 행동으로 옮길 수 있는 독후활동에 대해서 전혀 알지 못했다.

독서를 생활화하기 위해 필요한 것은 무엇일까? 문화체육관

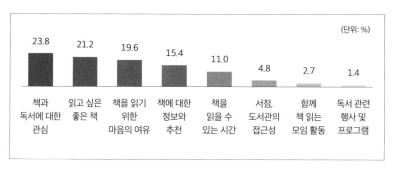

| 23.8 | 21.2 | 19.6 | 15.4 | 11.0 | 4.8 | 2.7 | 1.4 |

나의 독서 생활에 필요한 것의 우선순위   ※ 2순위까지 응답

광부에서 실시한 〈2019년 국민 독서실태 조사〉[*]에 따르면 응답
자들이 독서 생활에 가장 필요한 1순위로 꼽은 것은 '책과 독서
에 대한 관심(23.8%)'이라고 답했다. 그다음으로는 '읽고 싶은
좋은 책(21.2%)', 3순위로는 '책을 읽기 위한 마음의 여유
(19.6%)'가 꼽혔다. 나는 여기서 2순위를 차지한 '읽고 싶은 좋은
책'이 독서의 핵심이라고 생각한다. 1순위인 '책과 독서에 대한
관심'을 일으키기 위해서는 읽고 싶은 좋은 책이 있어야 하기 때
문이다. 좋은 책을 찾을 수 있는 안목이 없으면 계속해서 독서를
이어갈 수 없다. 나의 실패 사례가 그것을 증명한다.

• 한국출판연구소, 〈2019년 국민 독서실태 조사〉, 문화체육관광부, 2020년 2월 13일.

책을 읽지 않아도
사는 데 지장이 없을까?

책 읽기를 시작하는 가장 좋은 방법

독서에 대한 필요성을 절감하면서도, 나는 왜 독서에 몰입하지 못했을까? 세 가지 이유가 있다. 첫째, 책 고르기가 어려웠다는 것이고 둘째, 체계적인 독후활동 시스템이 없어 읽으면 그만이었다. 셋째, 책 읽기에 재미를 느끼지 못했다. 세 가지 이유를 자세히 파헤치면서 책 읽기를 시작하는 좋은 방법을 살펴보자.

첫째, 책 고르기는 왜 어렵고 중요한가? 아무리 좋은 책이라도 구미가 당기지 않으면 소용없기 때문이다. 매년 대학교, 교육청, 일부 기관에서 권장 도서 목록을 발표하지만 나는 지금껏 권장 도서 목록을 보고 책을 읽은 적은 없다. 물론 이런 목록을 통해 최대한 많은 사람에게 양서를 알리는 건 좋은 일이다. 그러나 아직은 끝까지 책을 읽어내는 힘이 부족한 독서초보자들에게는 권하지 않는다.

책을 읽기로 마음먹고 아내가 읽던 책을 몇 권 읽기 시작했지만, 끝까지 읽지 못했다. 아내와 나의 관심 분야가 달랐거니와 오랫동안 책을 읽어온 아내와 달리 독서초보자인 나는 긴 호흡의 글을 읽기가 힘들었다. 결국 스스로 책을 골랐는데 나의 초창기 독서 목록을 살펴보면 적당한 책을 고르지 못해 우왕좌왕하는 내 모습을 볼 수 있다. 처음 읽은 책은 《지식혁명보고서》(절판)이며, 다음으로 읽은 책은 《신지식인이 21세기를 이끈다》(절판)다. 이 책들을 고른 이유는 알 수 없다. 이후 몇 권은 영어 공부에 관한 책이었다. 도대체 무슨 생각으로 책을 골랐는지 그때의 나에게 묻고 싶다. 이후로도 갈피를 알 수 없는 독서가 이어지다가 몇 년간 시행착오를 겪으며 나만의 기준으로 책을 선택하게 되었다. 이때부터는 순서대로 왜 이 책을 선택해 읽었는지 전부 설명할 수 있다. 누가 권해서 읽었는지, 왜 두세 번 읽었는지, 어느 책과 어느 책이 서로 이어졌는지도 알 수 있다.

책 고르기는 독서의 출발점이다. 어떻게 책을 골라야 하는지, 내게 맞는 책은 어떤 것인지, 내게 영감과 통찰력을 줄 책은 어떤 책인지를 파악하는 안목을 기르는 것이 중요하다. 책 고르는 능력이 한순간에 길러지는 것은 아니다. 책을 읽고 독후활동으로 쓰기를 계속하면서 생각을 키우다 보면 자연스럽게 습득할 수 있다.

둘째, 내게는 독후활동 시스템이 없었다. 읽을 때뿐이고 남는 것이 전혀 없었다. 책 읽는 행위가 시간 낭비로 생각된다면 어떻게 책을 읽을 수 있겠는가? 독서를 막 시작했을 때였다. 《신지식인이 21세기를 이끈다》라는 책에 '독서 노트를 만들라'는 구로사와 아키라黒澤明 감독의 말이 나의 머리를 때렸다. 나는 즉시 독서기록장을 만들었다. 책을 읽을 때마다 어떤 말이든 쓰기 시

책을 읽지 않아도
사는 데 지장이 없을까?

작했다. 처음에는 제목만 쓰다가, 밑줄 그은 내용을 옮겨 쓰기 시작했다. 그다음은 책 내용도 요약했다. 그리고 느낌을 적어가기 시작했다. 나 혼자만 알고 있기에는 너무 아까운 책은 동료들에게 소개하고 싶은 욕심이 났다. 본격적으로 독후감도 적어보기 시작했다.

점점 자리를 잡기 시작한 나만의 독후활동 시스템은 나의 모든 사고와 행동을 지배하기 시작했다. 독서로 나의 많은 부분이 달라졌다. 자신감, 공부에 대한 욕망을 비롯한 내면에서 생긴 변화는 나의 행동들을 바꿨다. 나는 20년간 다져온 독후활동 시스템을 체계적으로 정리했으며, 이제 막 독서를 시작하는 사람을 위한 독서 습관 기르는 방법도 생각하게 되었다. 책을 읽고, 책에서 얻은 지혜로 현재의 문제를 해결하는 방법, 생각과 생각들을 연결해서 창의적인 아이디어를 내는 방법 등 책의 놀라운 효용들을 발견했다. 이런 것들을 누군가 알려줬더라면 나는 좀 더 일찍 독서를 시작했을 것이다. 업무 실적도 개인적인 삶에서의 성과도 지금 이룬 것보다는 훨씬 크고 빠르게 달성했을 것이다.

내가 책을 읽지 못한 마지막 이유는 재미를 느끼지 못했기 때문이다. 재미만큼 중요한 동기는 없다. 이런저런 시도 끝에 마침내 나의 흥미를 자극하거나 아는 척하기 좋은 책을 만나면서 본격적으로 책을 읽기 시작했다. 지적 허영심을 채울 수 있는 책으로는 앨빈 토플러Alvin Toffler나 피터 드러커Peter Drucker의 책이 알맞았다. 돈이라도 벌어볼까 해서《부자 아빠 가난한 아빠》를 읽기 시작했고 재미를 얻기 위해 윌리엄 셰익스피어William Shakespeare의 희극과 비극을 읽었다. 특히 베르나르 베르베르Bernard Werber의《뇌》와《개미》, 움베르토 에코Umberto Eco의《푸코의 진자》, 미겔 데 세르반테스Miguel de Cervantes의《돈키호테》와《모범 소설》이 독서 초창기에 재미있게 읽었던 소설이다.

소설의 재미는 시에 대한 흥미로 이어졌고 음악과 미술, 철학까지 확장되었다. 자기계발서, 영어 공부법 책도 읽기 힘들었던 사람이 문화예술사와 철학 서적을 읽게 될 줄이야. 나의 독서 영토가 이렇게 넓어질 줄 나는 짐작조차 하지 못했다. 이는 독서에 재미를 느꼈던 것뿐만 아니라 독서와 재미를 엮어낸 덕분이다. 예를 들자면 우리 가족은 매년 도시 하나를 선정해 해외여행을 떠나는데 여행을 떠나기 전, 독서로 도시에 관한 공부를 하는 식이다. 도시의 역사와 유명한 박물관, 미술관에 대한 지식을 섭렵한 뒤 여행지에서 확인하고 나면 독서의 새로운 재미를 느낄 수 있었다. 또 하나는 클래식 음악가를 선택해 집중해서 듣는 동안 음악가에 대한 자서전을 챙겨 읽는 것도 재미를 더하는 방법이다. 바흐의 잔잔하고 무거운 삶이 담긴《바흐 평전》을 읽는 동안 1년 내내 듣고 있었던 바흐의 음악은 내게 더 깊이 다가왔다.

재미있을 것 같은 책부터 읽기 시작하는 것이 당연하다. 만약 특별한 관심사가 없으면 자기계발서부터 시작하는 것도 좋다. 책 읽기에 재미를 붙이기 시작했다면 조금씩 다른 분야로 확장해나가자. 본격적으로 독서를 시작했다면 이 책에서 추천하는 방법대로 시행하기를 권한다. 가장 중요한 것은 독후활동 시스템이다. 단순히 읽기에서 끝나지 않고 나의 성장에 도움이 되는 독후활동 시스템을 이 책을 통해 접해보자.

첫 책은 자기계발서로
시작하라

영화감독 구로사와 아키라의 독서 노트를 쓰라는 말이 머리를 때렸다. 그냥 스쳐 지나가는 독서는 제아무리 양이 많다 하더라도 머리에 남는 건 그리 없다. 조금이라도 효율적인 독서를 하기 위해 기록하기로 마음먹었다. 그리고 책에서 언급된 앨빈 토플러의 《제3의 물결》과 《권력 이동》을 곧 사보리라. 그 외의 내용은 그렇게 감명 깊지는 않았다. 오히려 이보다 앞서 읽었던 매일경제에서 엮은 《지식혁명 보고서》가 훨씬 권하고 싶은 책이다. 이 독서를 계기로 나의 문장력과 표현력을 향

책을 읽지 않아도
사는 데 지장이 없을까?

> 상하고 싶다.
>
> **1999년 2월 2일 《신지식인이 21세기를 이끈다》를 읽고 쓴 생애 첫 독후감**

30대 초반까지 책 없이도 잘 살아왔다고 자부했다. 그러나 삶의 에너지가 바닥을 보이자 지푸라기라도 잡는 심정으로 책을 집었다. 시작은 미미했지만, 꾸준히 책을 읽고 느낌을 기록하면서 내면이 변하기 시작했다. 독서를 통해 변화된 내면은 외면으로 표출되었고 나는 4급으로 승진했으며, 박사학위를 취득하고 대학의 겸임교수로 임명되는 쾌거를 이뤘다.

처음 독서를 시작한 1999년에는 1년 동안 8권을 읽었다. 2000년에는 15권, 그다음 해에는 20권을 읽었다. 좀처럼 독서량

연도	독서량	연도	독서량	연도	독서량	연도	독서량
1999년	8권	2005년	44권	2011년	62권	2017년	54권
2000년	15권	2006년	56권	2012년	70권	2018년	53권
2001년	20권	2007년	64권	2013년	44권	2019년	47권
2002년	47권	2008년	68권	2014년	51권	2020년	42권
2003년	60권	2009년	52권	2015년	56권	2021년	40권
2004년	36권	2010년	45권	2016년	54권	2022년	30권

1999년부터 2022년까지의 연간독서량

이 늘지 않다가 4년 차부터 달라지기 시작했다. 2002년에 47권으로 급격히 늘었다. 2003년에는 60권이 되었다. 이후에는 연간 50권, 평균적으로 일주일에 한 권씩 읽는 습관이 정착되었다. 가장 많이 읽었던 때는 공무원교육원에서 10개월 동안 글로벌 역량을 키우는 장기 교육을 받았던 2012년이었다. 그해 70권의 책을 읽었다.

독서를 처음 시작했을 때부터 3년간 읽었던 책들을 분류한다면 크게 세 가지로 나눌 수 있다. '지식정보사회'는 당시의 시대상을 반영하는 큰 물줄기였다. 가장 먼저 '지식'이라는 키워드를 중심으로 경제와 산업 분야 책들을 읽기 시작했다. 다음으로는 개인적인 관심사에 이끌려 책을 손에 잡았다. 《부자 아빠 가난한 아빠》, 《소중한 것을 먼저하라》 같은 재테크와 처세술에 관한 책을 골랐다. 마지막으로 나의 업무와 관련된 책을 읽었다. 나는 2000년 5월에 시청으로 발령받아 첨단산업팀에 근무하게 되었다. 첨단산업 중 바이오산업의 육성 업무를 맡았지만 그야말로 '맨땅에 헤딩'이었다. 조언을 구할 전문가도, 새롭게 추진할 사업도 없었다. 시청 직원들에게는 생소한 바이오산업 자체를 인식시켜야 할 필요성을 느꼈다. 지금은 모두 절판되었지만 《유전자가 세상을 바꾼다》, 《바이오테크 혁명》, 《게놈》, 《DNA 독트린》은 바이오산업 육성을 담당한 나에게 충분한 지식을 제공했다.

이러한 독서는 나의 업무에 직접적인 도움을 줬다. 사내 전산망에 독후감을 올리면서 바이오산업의 의미와 필요성, 앞으로의 전망 등을 함께 적었다. 그 결과, 예산 부서를 비롯한 다른 부서 직원의 공감을 얻게 되었고 바이오산업을 육성해야겠다는 인식을 심어줄 수 있었다. 덕분에 다음 해에 '바이오산업 지원센터', '생물산업인력양성센터', '게놈센터' 같은 신규 사업을 추진할 수 있었다.

자기계발서로 시작해야 하는 이유

독서 초기 3년 동안 읽었던 43권은 내게 지속해서 책을 가까이 할 수밖에 없도록 커다란 동력을 제공했다. 내가 최초로 적었던 독후감은 앞으로의 독서 인생을 예견하는 글이기도 해서 놀랍다. 1999년 그날 이후 나는 독후감 적는 습관을 오늘날까지 유지하고 있다. 혹시 내가 처음 잡은 책이 인문서나 철학서였다면 과연 나의 독서는 계속되었을까? 쉽지 않았을 것이다. 결론부터 말하자면 독서를 시작하기에 가장 좋은 책은 자기계발서다. 자기계발서는 인문서와는 달리 읽는 즉시 실전에 적용해서 그 효용과 성과를 체감할 수 있기 때문이다. 또한 간결한 문장으로 쓰

여겨 이해하기 쉽고 술술 읽히기 때문에 독서 목표량을 힘들지 않게 채울 수 있다. 자기계발서는 내게 단지 지식 습득의 용도만이 아니라 업무, 나아가 인생 전반에 큰 영향을 미쳤다. 자기계발서로 시작해서 책에서 책으로 어떻게 연결되는지 나의 독서 여정을 구체적으로 소개한다. 이 여정을 통해 자신만의 길을 만드는 데 참고하길 바란다.

1999년 2월 1일, 《지식혁명 보고서》(절판)에서 시작한 나의 독서 여정은 2019년 11월 3일, 《어떤 양형 이유》로 천 권을 기록하게 되었다. 그 이후로도 독서는 계속되고 있다. 나의 도서 목록을 보면 초창기에는 자기계발서가 유독 많다. 이 단계는 독서 자체에 취미를 붙이는 단계라고 볼 수 있다. 독서 습관이 붙기 시작할 무렵부터는 문학서를 가까이하기 시작했다. 특히 소설에 한번 맛 들이기 시작하면서부터는 특정 작가의 소설들을 싹쓸이해가며 읽기도 했다. 중국 소설가 위화余華와 모옌莫言의 작품들, 베르나르 베르베르의 창작물 그리고 무라카미 하루키村上春樹의 소설이 여기에 해당한다. 어느 정도 독서에 대한 갈증이 해소된 이후에는 인문서로 방향을 틀었다. 음악과 미술에 관한 책들은 실생활과도 연계되었기에 책을 읽고 음악 학원에서 피아노, 기타, 보컬을 배웠으며 미술 학원에서 그림을 배우기도 했다. 매년 가족 여행을 다닐 때는 꼭 그 지역의 박물관, 미술관을 순례했다.

또한 철학 서적은 내게 색다른 재미를 줬다. 생활인으로서의 철학이라는 묘미를 알고 나서 국가별 철학 서적을 찾아서 읽기도 했다.

독서의 지향점은 통합적인 생각을 기르고 창의성이 발현될 수 있는 책을 읽는 데 있다. 직관력을 향상하고 태도와 습관을 바꾸게 하는 책을 읽어야 한다. 이런 책들은 늘 내 생각과 행동을 지배한다.

자기계발서의 두 가지 타입

독서 초창기에 읽기 시작해서 요즘도 꾸준하게 읽고 있는 자기계발서는 크게 두 가지 유형으로 나눌 수 있다. 하나는 세상을 움직이는 법칙을 깨닫고 그 법칙에 대응하는 방법을 담았거나, 성공학을 다룬 책들이다. 주로 현세대의 대가로 일컬어지는 데일 카네기Dale Carnegie, 보도 섀퍼Bodo Schafer, 밥 프록터Bob Proctor 같은 저자들이 쓴 책이다. 《화폐전쟁》, 《원숭이도 이해하는 자본론》처럼 경제 개념을 일깨우는 책도 주기적으로 읽고 있다.

다른 하나는 직접적으로 나 자신의 역량을 강화하고 계발하는 책이다. 독서 방법론을 비롯한 일하는 방식, 삶에 대한 태도, 인간관계를 잘 형성하는 방법, 읽고 쓰기, 건강에 관한 책까지 포함한다. 최근에 읽은 책 중에 내 생각의 폭을 넓힌 책은 대니얼 카너먼Daniel Kahneman이 쓴 《생각에 관한 생각》이다. 이 책은 인간이 가진 편향을 제거하기 위한 여러 방법을 제시한다. 그중에서 '풍부한 어휘는 건설적 비판 기술을 갖추는 데 필수'라는 대목이 인상 깊었다. 즉, 의사결정을 할 때 얼마나 많은 어휘를 기억에서 불러 모을 수 있는지가 중요하다는 것이다. 어휘를 되새김질하다 보면 편견과 오류에 빠지지 않게 해준다. 그리고 어휘를 늘리는 가장 좋은 방법은 독서와 독후활동으로써의 글쓰기다.

사실 독후활동까지 하면서 책 읽기가 쉽지 않다. 책을 꾸준히 읽겠다는 결심만도 지키기 어려운데 독후활동을 하기란 여간 힘든 일이 아니다. 그러니 이런 과제를 실천하기에는 연초가 좋다. 책을 제대로 읽기로 다짐했다면 새로운 마음을 다지기에 좋은 시기부터 정해보자. 혹은 일단 시작하고서 월초, 분기마다 책을 읽기로 한 결심을 다잡아도 좋다.

나의 경험을 다시 한번 독자들에게 간추려 말한다면, 일단 자기계발서로 독서를 시작하라고 말해주고 싶다. 문화체육관광부의 〈2019년 국민 독서실태 조사〉 보고서에서 나타났듯이 일반인들에게 가장 필요한 것은 '책과 독서에 관한 관심'과 '읽고 싶은 좋은 책'이다. 다양한 분야의 책이 있지만 두 조건을 동시에

책을 읽지 않아도
사는 데 지장이 없을까?

만족시키는 것은 자기계발서다. 특히 책에 대한 책, 독서 방법론에 관한 좋은 책부터 시작해보자. 독자들이 끊임없이 자기계발서를 찾고 이에 맞춰 작가들이 성장 욕구를 가진 독자들을 위해 책을 발간하는 데에는 이유가 있다. 먼저 자기계발서로 시작하고 차츰 범위를 넓혀 나갈 것을 적극적으로 추천한다. 나 역시 그렇게 책을 읽었다.

문학서로 감성을 키우고, 인문서로 철학하라

누군가와 문학을 주제로 이야기할 때, 내 머릿속에 가장 먼저 떠오르는 책은 장영희 작가의 《문학의 숲을 거닐다》이다. 장영희 작가는 이 책에서 문학을 통해 인간이 어떻게 고난을 극복하고 살아가는가를 가르쳐준다. 그렇다. '문학은 삶의 용기를, 사랑을, 인간다운 삶의 방식을 가르친다'라고 하면서 '문학 속에 등장하는 인물들의 치열한 삶을, 그들의 투쟁을, 그리고 그들의 승리를 나는 배우고 가르쳤다. 문학의 힘이 단지 허상이 아니라는 걸 증명하기 위해서라도 나는 다시 일어설 것이다'라고 저자는 말했다.

이렇듯 누군가 작가를 추천해달라고 하면 제일 먼저 생각나

책을 읽지 않아도
사는 데 지장이 없을까?

는 사람이 바로 그다. 나의 삶에 도움이 되는 글들을 모아 놓기로 마음먹고 처음 노트에 붙여놓은 글도 장영희 작가의 글이었다. 내가 스크랩했던 글은 2004년 조선일보에 실린 '장영희의 문학의 숲, 문학의 힘'•이라는 칼럼이다. 그 글은 장영희 작가가 척추암을 선고받고 치료에 전념하기 전에 쓴 마지막 기고문이었다. 글에서 작가는 병을 이겨내 문학의 힘이 실제로 존재함을 증명하겠다고 이야기한다.

칼럼을 읽고 나는 장영희 작가가 말한 '문학이 주는 힘'에 대해 깊이 생각하게 되었다. 그 후에 읽은 《살아온 기적, 살아갈 기적》에서 장영희 작가는 '이 세상에서 나는 그다지 잘나지도 또 못나지도 않은 평균적인 삶을 살았으니 무슨 일이 있어도 그다지 길지도 짧지도 않은 평균 수명을 채우고 가리라. 종족 보존의 의무도 못 지켜 닮은 꼴 자식 하나도 남겨두지 못했는데, 악착같이 장영희의 흔적을 더 남기고 갈 것'이라고, '손톱만큼이라도 장영희가 기억될 수 있는 좋은 흔적을 만들 것'이라 다짐했다.

나는 이 '흔적'이라는 단어에 매료되었다. 평범한 독자가 《문학의 숲을 거닐다》에서 문학의 힘을 믿게 되었고, 《살아온 기적, 살아갈 기적》에서 삶에 대한 용기를 얻었으니 나는 장영희 작가

• 조선일보, '장영희의 문학의 숲, 문학의 힘', 2004년 9월 25일.

의 흔적이라 할 수 있다. 나 외에도 문학을 사랑하고 문학의 힘을 믿는 수많은 흔적이 자신들의 삶을 의미 있게 채우고 있다. 장영희 작가의 흔적이었던 나는 이제 나만의 흔적을 만들고 있다. 지금의 내게 흔적이란 독서카드다. 남들에게는 보잘것없는 기록으로 보일 수 있겠지만 내게 수년 동안 쌓인 독서카드는 역사에 가깝다. 이 독서카드가 다른 이에게도 좋은 영향을 끼칠 수 있기를 바란다.

문학에 빠져든 이유

자기계발서와 업무와 연관된 경제 도서를 주로 읽던 내가 본격적으로 소설에 재미를 붙이게 된 계기가 있었다. 어느 날 직장 동료가 위화라는 중국 소설가를 소개해줬다. 이를 계기로《살아간다는 것》(절판),《허삼관 매혈기》,《세상사는 연기와 같다》(절판),《내게는 이름이 없다》등 위화의 작품을 쉼 없이 읽었다. 이어서 나의 소설 읽기는 모옌의《탄샹싱》(절판),《술의 나라》(절판),《붉은 수수밭》으로 번졌다. 특히《탄샹싱》을 읽었을 때 받았던 충격은 강력했다. '탄샹싱檀香刑', 일명 박달나무 형벌은 매끄러운 박달나무를 신체에 관통시킨 채 죽을 때까지 그 모습을 지켜

책을 읽지 않아도
사는 데 지장이 없을까?

보는 참혹한 형벌이다. 분명히 활자를 읽고 있는데 심장이 튀어나올 것 같고 몸에서 진동이 느껴질 정도로 강렬했다. 그 이후 한동안은 베르나르 베르베르의《뇌》와《개미》에 빠져서 시간 가는 줄 몰랐다. 우리나라 소설가도 빼놓을 수 없다. 김훈의《칼의 노래》를 읽으며 차가움과 뜨거움을 동시에 가져다주는 매력적인 문장에 빠졌다. 이는 공지영, 박민규, 김애란, 장정일, 조정래, 한강의 작품으로 이어졌다.《이상문학상 작품집》은 매년 사야 하는 필독서가 되었다.

소설로부터 나는 무엇을 얻는가? 우선 내게 흥미를 준다. 장편 소설 여러 권을 읽어도 시간 가는 줄을 몰랐다. 또, 소설은 현실에서는 결코 경험할 수 없는 삶을 선사한다. 그런 삶으로부터 받은 충격은 나를 후려치기도 하고 어루만지기도 한다. 소설은 내게 재미와 경험을 주면서 인생의 달고 쓴맛을 알게 해줬다. 끝내는 살아갈 수 있게 하는 힘을 내게 줬다.

그에 반해 시는 조금 다르다. 신경림의《신경림의 시인을 찾아서 1, 2》를 읽고 시의 세계에 빠져들었다.《백석시전집》을 읽고 나서는 안도현, 나희덕 시인을 찾았고 허수경, 황인숙, 김해자, 이문재 시인의 작품집을 읽었다. 시인들의 평전과 수필집을 찾아보기도 했다. 지금은 시를 읽는 것이 일상이 되었다.

시로부터 나는 무엇을 얻는가? 우선 감성을 얻는다. 단 한 줄의 시구에 가슴이 무너져 내린 적도 있다. 시인이 노래하는, 보내버렸거나 잃어버린 사람과 사랑, 스산한 계절, 성큼 다가선 세월 앞에 속절없이 무너진다. 그리고 창의를 얻는다. 예를 들어 권상진 시인의 시 〈비스듬히〉를 읽으면 비스듬하다는 것이 얼마나 따뜻한 말인지 알게 된다. 시를 읽는 것은 말하기와 글쓰기를 잘하기 위한 전략 중 하나다. 시 읽기를 통해 좀 더 글을 곱게 쓰고, 축약적이면서 핵심을 찌르는 어법을 익힐 수 있다.

문학에 관한 이야기는 장영희 교수의 글로 시작했지만, 마무리는 신영복 작가의 이야기로 맺고 싶다. 나는 신영복 작가를 생각하면 그가 스물 일곱에 통일혁명당 사건으로 무기 징역형을 선고받고, 1988년 8월 15일 가석방으로 출소될 때까지 20년 20일 동안 교도소에서 생활했던 사실이 가장 먼저 떠오른다. 마흔 일곱이 될 때까지 그는 감옥에 갇혀 어떤 시간을 보냈을까? 그 시간은 그에게 무엇이었나? 그를 지탱하게 해준 힘은 문학이었을 것이다. 신영복 작가는 '20년 감옥살이가 나의 진정한 대학생활이었다'라고 했다. 우리 삶이 아무리 어지럽다고 하더라도 문학만 꿋꿋이 내 곁에 머물게 할 수 있다면 어떻게든 극복하고 살아갈 수 있다.

지금, 이 순간 지치고 힘들어 전부 벗어나고 싶다면 문학을 권하고 싶다. 앞에서 언급된 소설이나 시집 중에서 한 권만이라도 골라서 읽는다면 다른 책을 찾아서 읽게 될 것이다. 그러다 보면 '살아야겠다'라는 의지와 함께 힘이 차오를 것이다. 꼭 그렇게 될 것이다.

삶을 풍요롭게 만드는 인문서

소설과 시로 독서에 맛을 들인 나는 힐끔힐끔 인문서로 눈을 돌리기 시작했다. 어느 순간 음악과 미술, 철학 서적을 손에 잡는 횟수가 늘었다. 여기에 음악과 미술을 배우기 시작하니 독서와 취미가 서로를 부추기는 꼴이 되었다. 클래식 음악을 듣고 악기를 배우면서 느낌과 감동을 더하기 위해 관련 책을 챙겨보았다. 미술 학원에 다니고 해외여행을 하는 동안에는 미술관을 방문하면서 회화와 화가에 관심을 가졌다. 이와 함께 '생각하기'를 즐기면서 자연스럽게 가벼운 생활 철학 서적도 챙겨 읽었다. 음악과 미술, 철학으로 인해 내 삶은 풍요로워지기 시작했다.

음악, 그중 클래식 음악에 대한 취미는 베토벤Beethoven부터 시작되었다. 우연히 베토벤의 〈피아노 소나타 17번 라단조, 작품 번호 31-2〉(일명 〈템페스트〉) 제3악장을 연주하는 빌헬름 켐프Wilhelm Kempff의 피아노 공연을 듣는 순간 나는 심장이 멈췄다.

베토벤을 떠올리면 〈베토벤 교향곡 5번 다단조, 작품번호 67〉(일명 〈운명〉)과 〈베토벤 교향곡 9번 라단조, 작품 번호 125〉(일명 〈합창〉) 정도만 알고 있었던 내게 〈템페스트〉는 완전히 다른 느낌을 줬다. 이후 클래식 사이트를 통해서 베토벤 교향곡 1번부터 9번, 피아노 소나타, 피아노 협주곡, 트리오 연주 작품을 포함해서 베토벤의 작품 수십 곡을 샀다.

그 곡들을 USB에 담아서 승용차 안에서는 베토벤만 들었다. 아이들과 함께 여행을 가는 시간 빼고는 출퇴근 시간, 출장 가는 시간, 차 안에 혼자 있는 모든 시간은 1년 내내 베토벤만 들었다. 음악을 듣는 동안 베토벤 관련 도서를 사서 읽었다. 《베토벤, 그 거룩한 울림에 대해》(절판), 《베토벤의 가계부》, 《베토벤, 그 삶과 음악》을 통해 글로 읽는 베토벤과 귀로 듣는 베토벤을 조화시켜 나갔다.

베토벤을 들었던 2013년 초, 부산시립교향악단 지휘자 리 신차오李心草는 야심 찬 계획을 발표했다. 바로 1년간 베토벤 교향곡 전곡을 연주하겠다는 것이었다.* 나는 만세를 불렀다. 음악을 실제 연주로 들을 기회가 흔치 않기 때문이다. 모든 연주회에 다 참석하지는 않았지만, 그때의 감흥을 기록한 노트를 들춰보니

---

* 국제신문, '베토벤 바이러스, 그 심연으로의 항해', 2013년 1월 31일.

책을 읽지 않아도
사는 데 지장이 없을까?

많이 흥분했음을 알 수 있다. 그해 마지막 공연을 보고 난 느낌을 기록해둔 내용을 옮겨본다.

송년 음악회 프로그램은 오직 〈합창〉뿐이었다. 올해 차 안에서 내내 들어왔던 베토벤 음악을 현장에서 듣는다고 생각하니 설렜다. 베토벤의 합창은 인간의 목소리와 악기 소리, 인간과 자연, 어쩌면 인간과 신의 합창인지 모르겠다. 베토벤으로 올 한 해 행복했다.

'베토벤 앓이'는 클래식에 대한 사랑으로 이어졌다. 나는 매년 1명의 작곡가를 선택해서 1년간 집중해서 듣고 작곡가와 관련된 도서를 읽고 있다. 베토벤에 이어 차이콥스키^{Tchaikovsky}, 말러^{Mahler}, 쇼팽^{Chopin}, 바흐^{Bach}, 슈베르트^{Schubert}, 브람스^{Brahms}, 하이든^{Haydn}, 멘델스존^{Mendelssohn}으로 이어지고 있다.

좀 더 체계적으로 음악을 알고 싶어서《그라우트의 서양 음악사》를 펼쳤다. 이 책은 상권, 하권을 합쳐서 천 쪽이 넘는 분량으로 고대 메소포타미아 음악부터 1982년부터 활동한 미국의 힙합 그룹, 퍼블릭 에너미^{public enemy}까지 다룬다. 어려운 전문 용어를 전부 알아들을 수는 없지만, 횡적 연계와 종적 맥락으로 해설

한 이 책은 서양 음악의 배경과 맥락을 이해하기에 충분했다.

음악이 우리에게 주는 것은 무엇일까? 그리스인들은 음악이 개인의 윤리적 특성 또는 존재 및 행동의 방식인 에토스에 영향을 줄 수 있다고 믿었다. 베토벤과 바흐, 쇼팽을 듣기 전의 나와 이후의 나는 완전히 다른 존재다. 음악은 클래식이든 가요든 장르를 가리지 않고 나의 머리와 가슴으로 깊숙이 들어와서 나의 정신적 특징과 행동 방식에까지 영향을 끼친다.

음악과 미술, 철학책은 나의 독서 인생에 또 다른 장을 열었다. 삶이 훨씬 다채롭고 풍요로워졌다. 본격적인 독서를 시작했다면 예술 분야 중 한 분야, 그리고 철학 도서는 꼭 읽기를 바란다. 책을 읽다 보면 나와 궁합이 잘 맞는 도서 분야를 반드시 만나게 된다. 그런 분야를 찾아 즐기기 위해 가능한 한 여러 분야의 책들을 읽어야 한다.

책을 읽지 않아도
사는 데 지장이 없을까?

인공지능 시대에 독서는 현대인의 필수 덕목

자기계발서로 시작해서 문학서, 인문서로 확장되고 깊어지는 독서 여정의 최종 목적지는 어디인가? 내가 마지막으로 도착하고자 하는 곳은 통합적인 생각을 기르고 창의성과 직관력을 향상하는 것이다.

먼저 '통섭'이라고 불리는 통합적인 생각에 관해서 이야기하고자 한다. 국내에서 '통섭'을 우리에게 널리 알려준 인물은 최재천 교수다. 통섭이라는 단어는 최재천 교수가 에드워드 윌슨Edward Wilson의《통섭, 지식의 대통합》이라는 책을 번역해 소개하면서 우리에게도 익숙한 단어가 되었다. 세계 최고의 생물학자로서 퓰리처상을 두 번이나 수상한 에드워드 윌슨 교수가 말하는 통섭이란 무엇인가?

통합적인 생각과 창의성, 통찰력을 얻다

《통섭, 지식의 대통합》의 원제 '컨실리언스Consilience'는 함께 넘나듦jumping together이라는 뜻의 라틴어 컨실리에르consiliere에서 가져온 언어다. 자연과학과 인문학을 연결하고자 하는 통합 학문 이론인데 이는 독서 분야에서도 적용된다. 책이란 한 분야의 전문가가 자신의 지식을 기반으로 사고의 중심을 잡고, 전혀 다른 분야의 지식과 지혜를 연결해 독자들을 설득하는 과정이다. 어떤 저자든 책을 집필할 때는 큰 줄기를 먼저 잡고 이를 뒷받침하는 세세한 부분을 알맞은 위치에 배치하는 과정을 거치게 된다. 독서를 통해 학문과 지식을 넘나드는 과정에서 새로운 생각이 떠오를 수도 있다. 이때 떠다니는 아이디어를 잡아채서 작가만의 문장으로 서술하면 한결 더 세련되고 지적인 책이 된다.

이런 작업 과정은 이공계 연구자가 인문학적으로 글을 쓰거나 반대로 인문학자가 과학에 관심을 가질 때 더 빛난다. 앞의 예로는 《이기적 유전자》, 《파인먼 씨, 농담도 잘하시네》가 있고 국내 학자로는 최재천 교수, 정재승 교수, 김상욱 교수를 들 수 있다. 후자의 예로는《어느 인문주의자의 과학책 읽기》가 있다.

작가가 자기 분야에서 이미 상당한 업적을 이루었음에도 전공하지 않은 분야에 관한 책을 집필하는 것도 '통섭'의 예라고 할 수 있다. 법관, 가수, 지리학자의 통섭은 독자에게 신선함과 새로운 생각들을 전달한다. 이런 책으로는 법관을 역임한 사람이 지은《김영란의 책 읽기의 쓸모》,《개인주의자 선언》이 있고 팝 가수로서 노벨문학상을 수상한 밥 딜런Bob Dylan의《바람만이 아는 대답》과 같은 책이 있다.

다음으로 창의성이다. 나는 책을 통해 새로운 생각들이 샘솟는 책들을 많이 만났다. 가장 대표적인 것이 김정운 교수의《에디톨로지》다. 나는 이 책에서 창의성은 '편집'이라는 과정을 통해 구체화한다는 사실을 인식하고, 그 방법을 고안해 실천하게 되었다. 바로 카드를 활용하여 독서력을 높이는 방법이다. 나는 이 방법으로 특허를 출원하고 책까지 집필하게 되었다.

마지막은 직관력과 통찰력을 기르는 것이다. 내가 가장 가지고 싶은 능력이다. 나는 루스 베네딕트Ruth Benedict의《국화와 칼》을 2002년도에 사서 세 번 읽었다. 이 책을 거듭해서 읽는 이유는 일본을 한 번도 방문하지 않고 자료 조사와 인터뷰만으로 한 국가의 국민성을 명쾌하게 분석한 저자의 논리적 전개와 통찰력에 사로잡혔기 때문이다. 〈2021년 국민 독서실태조사서〉에서도 통찰력에 대한 중요성을 통계로 알 수 있다. 독서가 도움이 되는 정도를 구체적으로 묻는 말에 사람들은 '전문 지식의 습득 (77.8%)'과 '세상에 대한 이해와 통찰력 향상(77.1%)'를 꼽았다.

나는 천 권 이상의 책을 읽었다(정확히는 1,130권 정도다). 천 권의 분량만큼 내게도 직관력과 통찰력이 생겼다고 믿고 있다. 물론 직접 경험하지 않고서 책을 통해 상황을 꿰뚫고 맥락을 이해하면서 진리를 획득하기란 쉽지 않은 일이다. 그렇다고 서두를 일도 아니다. 10년, 20년 긴 호흡으로 나는 걸어갈 것이다.

현대인의 독서력을 위하여

나의 독서 인생을 돌이켜보면 변화를 추구하면서 속도를 지켜왔다. 변화란 책을 읽는 분야가 바뀌는 것으로 알 수 있다. 초반에는 자기계발서, 중반에는 문학서, 최근에는 인문서 중심의 책 읽기로 바뀌었다. 요즘에도 자기계발서와 문학서를 읽곤 하지만 전체적으로는 인문서에 더 많은 관심을 기울이고 있다.

내가 만약 20년 동안 자기계발서만 읽었다면 지금의 독서력을 갖추지 못했을 것이다. 그러나 자기계발서로 독서를 시작하

책을 읽지 않아도
사는 데 지장이 없을까?

지 않았다면 20년 동안 꾸준히 책을 가까이하지 못했으리라. 초기에는 자기계발서와 흥미 위주의 책 읽기가 필요하다. 소설만으로도 20년을 버티기 어려웠을 것이다. 지치지 않게, 싫증이 나지 않게 큰 흐름을 바꿔가면서 책을 읽었다. 지루할 때면 특식을 먹는 기분으로 전혀 다른 분야의 책을 읽었던 것도 20년 독서의 비법이다.

일주일에 한 권이라는 속도를 지켜왔다는 것도 나의 독특한 독서 습관 중 하나다. 1년에 100권, 심지어는 하루에 한 권이라는, 초보자가 쉽게 달성하기 어려운 목표를 정해놓고 읽기를 가르치는 사람도 있다. 그런 사람들과 나를 비교하면 나는 거북이처럼 느리지만, 소처럼 우직하게 원칙을 지켜냈다 자부한다. '난 뭘 하고 있었던 거지'하는 자괴감을 가질 필요는 없다. 누군가와 비교될 때는 숨을 고르고 내가 그동안 어떤 책을 읽었는지, 독후 활동은 어떻게 했는지를 천천히 돌이켜보자.

나는 '독후감을 기록하는 독서'를 시작한 첫해 8권을 읽고 그 다음 해에는 15권을 읽었다. 이어서 20권, 47권까지 읽다가 2003년에는 마침내 60권을 돌파하면서 '일주일에 한 권' 독서 습관을 만들어가기 시작했다. 가장 많이 읽은 해는 70권을 읽었던 2012년이었다. 자기계발서의 경우는 일주일에 두세 권을 읽을 수도 있지만, 이때도 속도를 조절했다. 읽기 쉬운 책을 읽을 때는 두꺼운 책이나 인문 서적을 함께 읽어나가면서 일주일에 한 권 읽는 속도를 유지하려고 했다.

일주일에 한 권씩 읽으며 1년에 50권 정도 읽는 것이 가장 알맞은 독서량이다. 나의 경험상 50권에서 100권 정도의 책을 읽고 나면 독서의 질적인 변화를 체감하는 순간이 온다. 그러니 자신이 흥미를 느끼는 부분 위주로 읽기 시작해서 점차 독서의 영토를 확장해나가는 즐거움을 맛보길 바란다.

책을 읽지 않아도
사는 데 지장이 없을까?

2장

<hr />

책을 읽고
삶이 180도
달라졌다

생각의 질이
높아진다

"사람이 책을 만들고, 책이 사람을 만든다."

교보문고 창립자인 신용호 회장이 남긴 유명한 말이다. 여기서 '만든다'라는 뜻은 '변화시킨다'와 같다. 책을 읽고도 변하는 게 없다면 책을 읽을 필요가 없다. 책은 여지없이 확실하게 나를 변화시켰다. 책 없이도 잘 살아왔던 내가 이제 책 없이는 살 수 없게 된 것이다. 독서는 내 삶의 최우선 순위가 되었다. 월요일, 새로 잡은 책을 펼 때마다 '독서는 정직하다'고 생각한다. 여기서 '정직하다'는 세 가지 의미를 포함한다.

책을 읽고
삶이 180도 달라졌다

독서는 정직하다

첫째, 독서는 나 아닌 다른 사람이 대신 해줄 수 없다. 다른 사람이 쓴 독후감을 읽거나 도서 요약 서비스를 이용해서 책의 핵심을 파악한다 해도 내가 손가락으로 한 장씩 넘기면서 읽은 것과는 다르다.

둘째, 독서는 읽은 만큼 확실하게 보답한다. 일주일에 한 권을 읽든, 한 달에 한 권을 읽든 독서는 나의 영양분이 되고 나의 뇌는 읽은 만큼 변화하고 강화된다. 인간의 기억과 지식은 뇌의 신경세포인 뉴런과 뉴런 사이에 있는 시냅스에 저장이 된다. 뉴런이 여러 가지 신경전달물질로 자극을 받을수록 시냅스 간 연결이 증가하면서 처리 능력과 속도도 빨라진다. 따라서 다양하고 풍부한 학습이 이루어질 때 뇌는 더 많이, 오래 학습 내용을 저장할 수 있다. 이렇게 강화된 기억은 내가 필요할 때 언제든지 꺼내 쓸 수 있다.

셋째, 읽지 않고 그 책에 대해 '안다'라고 말할 수 없다. 물론 책을 읽지 않고도 책에 대해, 책에서 언급된 주제에 대해 말할 수는 있다. 하지만 그 책을 '안다'라고 할 수 없으며 책에서 얻은 것도, 책을 통해 내가 변했다고 할 수 없다. 읽지 않은 책에 관해서 말할 수 있는 경우는 단 한 가지다. 처음 마주하는 책이라 하더라도 그 주제에 관해 말할 수 있을 정도로 이미 '읽은 책이 많아야' 한다. 예를 들어 아직 읽지 않은 《보이지 않는 도시》 책을 앞에 두고 문명사적 관점에서 도시에 관해 이야기한다고 가정해보자. 《미국 대도시의 죽음과 삶》, 《직업의 지리학》을 읽었다면 도시의 역사와 현재, 미래, 도시의 다양성과 유기체적 성격에 관해 이야기하면서 토론을 이어갈 수 있다. 내가 사는 도시는 어떤 도시인지, 미래의 도시는 어떻게 되어야 할지에 대해 자기주장을 할 수 있을 것이다. 책을 읽어야 자기 의견과 창의적인 생각, 스스럼없이 말할 수 있는 자신감이 생기기 때문이다. 책은 정직하다. 읽지 않은 책을 읽었다고, 안다고 자신 있게 말하다가는 낭패를 당할 수도 있다.

20년간 책을 읽는 동안, 한 권의 책이 내가 가졌던 생각을 단번에 무너뜨리기도 했다. 이와는 달리 몇 권의 책이 무더기로 몰려와 나를 서서히 변화시키면서 내 안에 자리를 잡기도 했다. 어떤 책도 나를 나쁘게 만들지는 않았다.

독서는 나의 내면을 변화시켰다

모든 책은 훌륭하다. 그동안 나는 어떻게 변화했는가? 내면적으로 크게 네 가지가 변했다. 먼저 나는 신중한 인간이 되었다. 책에 실린 깊은 지식과 지혜에 귀 기울이다 보면 내가 알고 있는 것이 얼마나 티끌 같은 것인지 알게 된다. 나의 무지를 깨닫고 나니 스스로 말조심을 하며, 말로 인한 실수가 줄었다. 의사 결정을 하기 전에는 말부터 앞세우지 않았고, 발생 가능한 일에 대해 논리적인 고민 끝에 말하고 행동하게 되었다.

오랫동안 책을 읽음으로써 내면이 신중해지며 말수가 적어진 것은 '아는 것이 없어서 말이 없는 것'과는 다르다. 신중하면 우선 상대방의 말에 귀를 기울인다. 신중함이 더해질수록 한마디를 하더라도 상대방을 배려하는 말을 하게 된다. 신중함의 차원이 더 깊어지면 대화에 참여한 사람들에게 이야기의 수준을 높이거나 주제를 넓혀 말하게 된다. 전처럼 말을 많이 하지 않더라도 전과는 다르게 대화를 주도적으로 이끌 수 있다.

다음으로 나는 창의적인 생각을 하게 되었다. 나는 문학 작품, 특히 시와 소설을 읽음으로써 다양한 사고와 자유로움에 이끌리게 되었다. 소설을 읽다 보면 생각하지 못한 일들과 사건 전개에 빨려들게 된다. 이러한 간접 경험은 내가 마주하게 되는 일들에 대해 새로운 관점과 시각을 부여했다. 무미건조한 일상을 살아가는 내게 천둥처럼 내리치는 소설들은 큰 충격을 줬다. 그런 의미에서 《책은 도끼다》. 창의적인 생각 또는 새로운 개념을 안겨준 책은 수없이 많지만, 그중에서도 꼽자면《눈먼 자들의 도시》, 《그리스인 조르바》,《깊이에의 강요》,《스토너》와 같은 책을 들 수 있다. 이들은 인간 본성, 자유, 타인의 시선에 대한 대처에 대해 깊이 생각할 수 있도록 도와주는 책이다.

시를 통해서는 언어와 사물을 보는 방식을 배우게 된다. 짧은 글 속에 함축된 의미와 시어詩語는 마음을 움직이게 하고 틀에서 벗어나 새로운 시선으로 세상을 바라보게 한다. 매년 몇 권의 시집을 사서 읽는다. 그리고 매일 일과 중에 의식처럼 시 한 편을 읽는다. 주로 아침 출근길에 차에 시동을 걸기 전 한 편을 읽는데, 마음에 든 문장은 사무실로 출근하는 동안 몇 번이나 입속에서 굴러보곤 한다. 혼자 엘리베이터를 기다리거나 틈이 나면 핸드폰으로 한 문장이라도 더 보려고 한다. 시 한 편은 때로 한 권의 소설과 같다. 한 사람의 인생이 통째로 담긴 것 같은 문장을 발견할 때도 있다. 정말 마음에 든 시는 카드에 옮겨 적어서 보관한다. 조금 긴 시간이 날 때 천천히 카드를 넘기다 보면 세상 모든 감성과 지혜가 모인 것 같아 만족스럽다.

그다음으로 나의 마음속에 자신감이 깊이 쌓이게 되었다. 책을 가까이하면서 나는 신중하고 창의적인 사람이라는 생각을 하게 되었다. 스스로에 대한 믿음과 자신에 대한 긍정적인 평가는 자신감으로 나타났다. 사회생활 속에서 자신감을 가지지 못하는

책을 읽고
삶이 180도 달라졌다

이유는 불안감, 두려움, 무지 때문이다. 책에는 이미 그 해법들이 제시되어 있다. 기억 속에서 바로 끄집어낼 수는 없을지라도 내가 읽은 책 속에 답은 있다. 이뿐만 아니라 나의 SNS나 블로그를 보면 느낌과 생각들이 잘 정리된, 내가 쓴 글을 볼 수 있다. 나는 누구에게라도 당당하게 내가 읽은 책을 소개하면서 내 의견을 이야기할 수 있고 주장할 수 있다. 이것이 나의 자신감의 근원이다.

마지막으로 나는 탐구 정신을 기르게 되었다. 나는 책을 읽는 동안 의문이 들면, 책 속에 언급된 다른 책을 찾아 읽으며 끊임없이 의문을 해결하려고 한다. 《인간 불평등 기원론》은 《21세기 자본》를 읽게 했고 《불평등을 넘어》로 안내했다. 탐구심은 공부를 계속해보고 싶다는 생각으로 이어졌다. 바이오산업 육성업무를 맡으면서 대학교에서 해양생명공학 협동과정 석사학위를 받았다. 연구개발 지원과 과학기술 업무를 담당하면서 기술경영 전문 대학원에서 박사 학위를 받았다. 독서 활동뿐만 아니라 업무에서도 항상 책을 통해 답을 찾으려고 노력하게 되었다. 관련 서적이 없으면 연구 보고서나 리포트를 탐색해서 논리적인 근거를 보완했다. 책은 무기력에 빠져 있던 과거에서 어떠한 변화도 두려워하지 않는 현재 모습으로 나를 탈바꿈시켰다. 이제 나는 책과 함께라면 무서운 것이 없다.

자유롭게 도전하는
영역이 넓어진다

내면의 변화는 외면에도 드러나, 나의 성장이 눈에 보일 정도로 달라졌다. 나의 역량이 강화되었다. 기업에서는 역량을 조직의 비전과 전략 구현에 핵심이 되는 과업을 달성하는 데 필요한 행동 특성으로 설명한다. 개인의 역량을 평가해 직원의 성과와 진급을 결정하기도 한다. 내가 생각하는 '역량'은 자신의 잠재된 능력을 깨워서 발현하는 힘 또는 가능성이다. 나는 여기서 더 나아가 잠재된 능력까지 발현하는 데 역점을 두고 스스로를 변화시켰다.

책을 읽고
삶이 180도 달라졌다

독서는 삶의 다양한 가능성을 열어준다

책 읽기를 통해 갈고닦은 내면은 다양한 사회적 활동을 하면서 빛을 발했다. 그렇게 외면으로 드러난 나의 변화는 첫째, 나 자신도 알지 못하는 사이 리더십 역량이 길러지고 자연스럽게 표출되었다. 흔히 리더라고 하는 사람에게는 신중함, 창의성, 자신감, 탐구심이 요구된다. 나는 독서를 통해 네 가지 능력을 자연스럽게 습득하게 되었고, 업무적으로 인정을 받으면서 팀장을 맡게 되었다.

직장에서 내가 팀장을 맡아 업무를 처리하면서 제일 경계하는 것은 직원들을 다그치거나 혼을 내는 것이다. 무능한 팀장은 있어도 무능한 직원은 없다. 팀장이란 직원에게 올바른 일의 방향을 알려주고 직원의 능력을 최대치로 끌어내는 역할을 해야 한다. 이런 자신감과 리더십은 평소 자기 팀의 업무를 파악하고 앞으로 일어날 일을 예측하는 능력에서 나온다. 나는 《직장인 열에 아홉은 묻고 싶은 질문들》같은 직장생활 처세와 대화법에 관련된 책을 읽으며 초보 팀장이 겪는 시행착오를 줄일 수 있었다. 이제 나는 팀을 통솔하는 부서장으로, 부서원의 역량을 어떻게 끌어낼지 고민하고 있다.

둘째, 발표에 능숙하게 되었다. 나는 자료를 작성하고 발표 시나리오를 구상할 때 관련된 독서카드를 뽑아서 다시 읽는다. 두세 개의 카드만 읽어도 새로운 아이디어가 떠오르고 자연스럽게 발표에서 활용할 수 있게 된다. 덕분에 업무와 관련된 발표, 대외 인터뷰, 토론회에서 주저하지 않고 막힘없이 분위기를 주도할 수 있었다. 책 속의 전문가들이 알려준 발표를 잘하는 비법 중 하나를 소개한다면, 내가 '전문가임을 내세우는 것'이다. 전문가가 되는 방법은 다음과 같다. 발표 주제가 정해지면 일단 관련된 서적과 연구 보고서를 읽고 요약해본다. 콘셉트가 정해지면 발표 자료를 작성하기 시작한다. 나는 발표 중에도 은근히 내가 이 분야에 정통하고 있음을 밝힌다. 예를 들면, '이 분야와 관련된 일을 몇 년 동안 해왔다' 또는 '상당한 관심을 가지고 연구를 해왔다'라고 하면서 전문 서적이나 관련된 유명한 인물을 자연스럽게 소개하는 방식이다. 절대로 하지 않는 말도 있다. '발표가 미숙하더라도 이해해 주십시오', '미처 준비하지 못했습니다', '처음입니다만' 이런 말들은 절대 해서는 안 될 말이다.

셋째, 내면에 축적한 자신감으로 직장에서 두각을 나타낼 수 있었다. 나는 좋은 책을 읽고 나면 동료와 공유하고 싶은 생각에 직장 내 전산망에 독후감을 게시했다. 이때의 독후감은 A4로 한 장 반 정도 되는 분량이다. 남에게 읽히는 만큼 대여섯 번씩 퇴고했다. 덕분에 나는 직장에서 다독하는 직원으로 알려지고 이

책을 읽고
삶이 180도 달라졌다

런 호감은 업무 처리에서도 이어졌다. 얼굴은 몰라도 이름은 들어봤다는 직원들은 업무 협조도 빠르게 긍정적으로 검토해줬다. '그 책 나도 사서 읽을게요'라고 메신저를 보내주는 직원, '요즘 무슨 책 읽고 있어요?'라고 물어 주는 직원, '이 책도 읽어보세요'라고 책을 소개하는 직원을 만날 때면 내가 책 덕분에 생각했던 것보다 더 많은 것을 얻었음을 실감한다.

넷째, '아니오'라고 할 수 있는 나만의 주장과 의견을 표현할 수 있게 되었다. 책을 읽고 독후감을 쓰기 시작하면서 생각의 양이 늘어감에 따라 주장과 의견을 표현하는 게 눈에 띄게 늘었다. 지시만 좇아가고 침묵하는 게 아니라 업무에서도 나만의 생각을 가지게 되고 대화도 조금씩 주도적으로 바뀌었다. 어느 날 나는 사업부서에서 정책부서로 전보 발령을 받았다. 사업부서는 구체적인 목표를 가지고 예산을 투입해 결과를 내는 곳이지만 정책부서는 회의, 보고, 인사, 행정 등 업무를 지원하는 부서다. 그 당시에 나는 새로운 사업을 하면서 전문성을 쌓고 싶었다. 고민 끝에 나는 자리를 옮기지 않겠다고 했다.

이처럼 눈앞에 보이는 이익보다는 눈에 보이지 않는 것을 생각할 수 있게 되었다. 사업부서에 계속 머무르는 동안 지역 과학기술 발전을 위한 사업들을 시행하고 성과를 거뒀다. 이는 나의 주요한 실적이 되었다. 발령 공문을 철회해야만 했던 간부에게 당시에는 미안한 마음이 컸지만, 시간이 지난 후에는 오히려 잘 되었다고 주위로부터 인정받았다.

다섯째, '프로 시작러'가 되었다. 아들과 딸이 나에게 붙여준 별명이다. 짧게는 몇 달, 길게는 몇 해에 걸쳐 배우러 다니기를 반복했다. 최근 몇 달 동안 나는 완전히 요리에 빠졌다. 3개월에 걸쳐 짜장면, 새우볶음밥, 스테이크부터 시작해서 감바스알아히 요, 굴래시, 멘보샤, 동파육, 비프웰링턴까지 시도해봤다. 김밥과 피자는 세 번 정도 반복해서 마침내 맛과 모양을 내는 데 성공했 다. 30대 후반부터 5년 정도 피아노 교습을 받았다. 보컬과 기타 도 배웠다. 한때 집 근처 실용 음악 학원에 아내는 기타를, 딸은 보컬을, 나는 기타와 보컬을 배우러 다녔었다. 연말에는 학원에 서 개최하는 발표회에서 딸과 함께 기량을 뽐내기도 했다. 몇 년 전에는 그림을 배우기 시작했다. 초상화를 배우며 인생이 묻어 난 나이 든 사람의 얼굴을 그리는 것이 좋았다. 풍경을 그리는 것도 매력적인 일이다. 여행지에서 사진을 찍기보다는 가만히 앉아서 연필로 눈에 보이는 것을 묘사하기도 했다.

지금은 요리, 피아노, 그림 전부 그만두긴 했지만 시도한 만큼 배우는 것이 있었다. 요리를 보는 눈이 달라졌고 음악을 늘 곁에 두게 되었으며 그림에 대한 시각을 넓혔다. 지금도 새롭게 시작 할 게 있는지 주위를 살피고 있다. 작년부터 영어 공부를 다시

책을 읽고
삶이 180도 달라졌다

시작했다. 스페인 드라마 〈종이의 집〉을 본 후, 올해부터 스페인 공부를 시작했다. 몇 달 전부터는 《퇴직하기 전에 미리 알았더라면》이라는 책을 읽으며 근력이 삶의 질을 좌우한다는 것을 알아차리고 헬스를 시작했다.

시도하다 보니 끈기 있게 계속하는 것도 있다. 일주일에 3회 수영하기, 수영하지 않는 날은 일어나자마자 요가 하기, 1년에 1명의 작곡가를 선택해서 집중해 듣기, 매일 시 한 편 읽기, 그리고 독서 습관. 이런 습관들은 모두 독서에서 시작되었다.

주변인들의
시선이 달라진다

몇 년 전, 시장 비서실에서 전화가 왔다. 책을 몇 권 추천해달라는 것이었다. 뜬금없는 부탁이라 자초지종을 물어봤다. 시장님이 지인들에게 책을 선물하려고 하는데 적당한 책을 고르지 못해서 고민 중이라는 것이었다. 나는 독서 목록을 정리하면서 평소 다른 사람에게 선물해도 좋을 만한 책들을 별도로 정리해놓은 파일을 열었다. 나는 아는 사람들에게 추천할 만한 책들은 휴대폰 메모장에도 기록해둔다. '책 한 권 추천해줘'라고 뜬금없이 요청하는 직원들이 있었기 때문이다. 비서실의 요청에 따라 목록 중에서 다시 신중하게 골라서 추천해줬다. 한낱 직원에 불과

책을 읽고
삶이 180도 달라졌다

한 나에게 책을 추천해달라는 비서관에게 놀라기는 했지만, 알고 보니 나도 모르는 사이 나는 독서에 대해서는 일가견이 있는 것으로 소문이 나 있었다.

좋은 것은 다 같이 공유하자는 마음으로

책을 본격적으로 읽기 시작하면서 내가 알게 된 것, 나의 정신과 행동에 영향을 준 것에 대해 직장 동료들과 공유해야겠다고 생각하게 되었다. 처음 소개한 책은 《도쿠가와 이에야스의 인간경영》이었으며, 그 이후 경제 서적을 중심으로 사내 통신망의 게시판에 독후감을 올리기 시작했다. 독후감을 게시하면 내게도 좋은 점이 있었다. 그중 하나는 퇴고하면서 생각을 정리한다는 것이다. 《녹색평론》146호에서 이문재 시인은 〈관계의 발견, 의미의 탄생〉이라는 글에서 '생각하지 않았으면 쓰지 말아야 한다. 설령 생각하고 썼다고 해도 고치지 않았다면 누구에게도 그 글을 보여주면 안 된다'라고 했다. 사내 게시판에 올리기 전 글을 여덟 번 정도까지 퇴고한다. 그렇게 20년간 100편 정도의 글을 게시하게 되었다. 업무상 이야기를 하다가 말끝에 내가 올린 글은 꼭 챙겨본다는 직원을 만날 때면 은근히 어깨가 으쓱 올라가기도 한다.

　독후감을 쓰면서 생겨난 믿음이 두 가지가 있다. 하나는 글은 고치면 고칠수록 좋아진다는 것이다. 시간이 모자라서 두 번 고친 글과 여덟 번 이상 고친 글은 달랐다. 문장 하나, 단어 하나가 안 떠올라 한나절을 고민할 때도 있기 때문이다. 퇴고를 거치지 않은 글들은 외딴길에 서 있거나 감정에 북받쳐 울분을 토해놓은 경우가 많다. 이런 글은 백번 고쳐 써야 한다. 오랜 투쟁을 거쳐 나만의 문장을 하나라도 건지면 뿌듯하다.

　또 하나의 믿음은 아무리 어려운 책이라도 내 방식대로 정리할 수 있다는 것이다. 책을 작가의 의도대로 온전하게 이해했는지에 관한 질문은 의미가 없다. 작가가 아닌 이상 독자는 작가의 문장을 모두 이해하거나 공감할 수는 없다. 나는 나의 방식대로 읽고 해석하고 남긴다. 읽은 다음, 내 방식대로 책을 해체하고 단 한 줄이라도 책을 정리할 수 있다는 믿음은 내게 큰 힘을 줬다. 책이나 보고서, 리포트 해석에 대한 자신감은 업무와 직장생활에도 나타났다.

책을 읽고
삶이 180도 달라졌다

독서 동아리를 운영하다

직장 내에서 책 박사로 통하게 된 계기는 동아리 활동 때문이다. 2000년대 초반 직장 내 독서클럽을 만든다는 게시글이 내부 통신망에 올라왔다. 난 그러려니 하고 큰 관심을 두지 않았다. 그때 어느 간부가 내게 전화를 걸어왔다. 내가 독서클럽에 꼭 들어와야 한다면서 이름을 올려뒀다고 했다. 그렇게 타의 반으로 나도 회원이 되었지만, 책을 좋아했기 때문에 이후 적극적으로 활동했다. 클럽 총무를 5년 동안 맡으면서 작가 초청 행사, 문화 탐방 같은 행사를 기획하기도 했다.

초기 회원으로 들어간 직장 내 독서클럽의 역사도 어느덧 20년을 넘겼다. 현재는 회원들끼리 돌아가면서 한 달에 한 번씩 발표하고 토론하는 방식으로 진행하고 있다. 특별한 해를 정해서 고전만 집중적으로 읽기도 하고 경제 전문가를 초청해 경제 서적을 1년 내내 읽기도 했다. 독서클럽에서 초청한 유명 인사도 많다. '지식 기반 사회 어떻게 대응할 것인가'라는 제목으로 공병호 작가 초청 강연을 시작으로 안도현 시인, 김하기 작가, 이기호 작가, 배영순 교수, 예병일 작가, 신상훈 작가를 직접 만났다. 지역 언론사에서 기획한 문학 기행 프로그램에도 참여해 나희덕 시인과 신경림 시인을 만나기도 했다.

독서클럽 활동은 내게 많은 힘과 용기를 줬다. 상하 관계에 찌든 직장에서 한 달에 한 번씩 직급에 상관없이 오로지 책에 관해서만 이야기하는 것은 삼복더위에 내리는 소나기와도 같았다. 책을 들고 모임에 갈 때는 자긍심이 차올랐다. 책 읽는 직원으로 자리를 잡으면서 개인적인 관계도 좋아졌다. 다른 직원과 크게 다투거나 마음 상했던 일도 없었다. '책 많이 읽는 직원'으로 스스로 규정하면서 말과 행동을 신중하게 했기 때문이다.

책 읽는 시간이 쌓일수록 더 창의적으로 모험적으로 일을 시도하게 되고 타인과 상사의 신뢰를 얻어간다는 느낌이 들었다. 책이 내게 준 큰 선물이다.

9급 공무원에서
4급 공무원으로, 교수까지

갈피를 찾지 못하던 직장 생활도 5년 차가 되면서 어느 정도 자리를 잡기 시작했다. 책 읽기도 서서히 속도를 높여가던 즈음에 탐구심이 슬슬 피어올랐다. 구청 단위에서 일을 하다 보니 행정 구역만 넘어서면 남의 일이 된다. 구청 간 경계 없이 일을 하면 좋겠다고 생각했다. 좀 더 큰 범주에서 시책을 기획하는 업무에 대한 동경이 생기기 시작했다. 나는 고민 끝에 시청 전입에 도전하기로 마음먹었다. 시청 전입 시스템은 구청 직원을 대상으로 소양 시험을 치르고 성적이 좋은 몇 명만 선발하는 구조다. 나는 괜찮은 성적으로 무사히 시청으로 전입할 수 있었다.

시청 소속 사업소에 근무하고 나서 불과 5개월 정도 지났을 때였다. 시에 근무하는 간부로부터 연락이 왔다. 간부는 부산의 첨단산업을 육성하기 위한 팀을 만들었다고 했다. 그중 바이오산업 육성도 하나의 과제라고 하면서 함께 일할 생각이 있는지 물어왔다. 나는 같이 일하고 싶다는 의사를 밝혔고, 그 이후 경제 분야 업무는 나의 중요한 경력이 되었다.

부산에서 바이오산업을 육성하겠다는 계획서를 작성해 산업부의 담당 사무관에게 찾아갔다. '부산에는 신발산업이 있지 않느냐, 무슨 바이오산업까지 하려고'*라는 취지의 핀잔을 듣고 부산으로 돌아오는 길은 앞이 캄캄했다. 관련 대학 교수를 일일이 찾아다니며 어떤 사업을 하면 좋겠느냐고 물어보고 기업체 임직원과의 토론을 거쳐 바이오산업 육성 계획을 보완했다. 기반 시설을 갖추는 사업, 바이오산업 인력을 양성하는 사업, 연구개발 사업을 기획해 사업 내용과 함께 투자 계획까지 만들어 예산 담당 국장을 찾아갔다. 국장은 교수 말만 그대로 받아 적은 것 아니냐며 대충 서류를 뒤적이다 반려했다. 나의 노력이 헛수고로 돌아가는 순간이었다.

---

* 1999년, 산업부에서는 지역별 핵심 산업, 즉 부산은 신발산업, 대구는 섬유산업, 광주는 광光 산업을 지정하여 대규모로 국가 예산을 지원하기 시작했다.

책을 읽고
삶이 180도 달라졌다

책으로 이룬 꿈

두 가지 경험은 나를 반성하게 했다. '나의 목적'인 부산에 바이오산업 육성을 위한 새로운 프로젝트를 정부 사업으로 기획하겠다는 것과 '나의 의도'인 예산 부서로부터 사업비를 책정 받겠다는 것을 제대로 설명하지 못했으며 설득하지 못했다. 내가 부족한 점이 무엇인지 생각하다가 답이 나오지 않아 관련된 책을 다시 읽기 시작했다. 그 시절의 나는 독서와 일을 구별하지 않았다. 바이오산업 관련 도서를 닥치는 대로 읽었고 한 문장이라도 보고서에 담기 위해 노력했다. 책을 통해 바이오산업의 중요성을 내 속에 꾹꾹 눌러 담았다. 이런 열정을 내가 만나는 사람 모두에게 전달했다. 책을 통해 아는 것이 많아졌으니 교수와의 대화에도 전혀 말문이 막히지 않았다.

열정은 업무 성과로 나타났다. 처음 계획만 있던 사업이 구체적으로 실현되어 부산에서도 바이오기업이라고 부를만한 업체가 생겨나기 시작했다. 바이오산업은 의료산업으로, 고령 친화 산업으로 범위를 넓혔다. 의과대학과 협력해서 정부로부터 연구개발 사업을 유치했고 정부 과제인 '고령 친화 산업용품센터 지원 사업'이라는 공모 사업도 경쟁을 통해 지역에 유치했다. 독서는 내게 새로운 사업을 만들고 전문가와의 업무 협의에서 필수

적인 요소가 되었다. 눈에 보이는 업무 성과는 승진에도 도움이 되었다. '지방 공무원의 꽃'이라고 불리는 5급 사무관 직급으로 올라갈 수 있었다. 최근에 이러한 성과를 인정받아 4급 서기관까지 승진했다.

독서는 내게 또 다른 직업을 가지게 해줬다. 바로 국립대학교 겸임교수다. 연구 개발 분야 업무를 추진하면서 신기술 동향, 미래 예측, R&D(연구개발) 기획을 책을 통해 접하게 되었다. 나름대로 열심히 일을 추진하고 있었지만, 시간이 갈수록 허전한 느낌이 있었다. 곰곰이 생각을 거듭하고 내린 결론은 내 안에 체계적인 논리나 이론이 부족하다는 것이었다. 학업을 계속해야겠다는 결심을 하고 관련된 내용을 배울 수 있는 학교를 찾았다. 마침 지역 국립대학교에 '기술경영 전문 대학원'이 개설되었다.

'기술경영'이란 경영 분야에 기술Technology을 적용해 기업의 경쟁력을 향상시키는 것을 말한다. 박사 학위 과정은 3년이었다. 나는 시작할 때부터 수료와 동시에 학위를 취득하겠다고 마음먹었다. 논문 읽기와 정리하기, 발표하기는 그동안 갈고닦은 독서력이 있었기에 가능했다. 보기 드물게 졸업과 동시에 박사모를 쓸 수 있었다. 그다음 학기부터 직장에서 겸임교수직을 허가받아 대학원 강의를 시작했다.

1980년대 중반, 대학에서 생물학을 공부하기 시작하면서 대

학원 진학을 준비할 때 교수가 되면 좋겠다고 생각했었다. 지금
은 겸임교수직을 그만뒀지만 어쨌든 교수가 되었다. 내게 책이
없었다면 결코 이루지 못할 꿈이다.

특허를
출원하다

나만의 독서 방법을 원고로 정리한 후, 글쓰기 세미나에 참석한 적이 있었다. 수강생들과 독서와 관련된 이야기를 나누게 되었는데 지식 재산권 업무를 잘 알고 있는 한 분이 나의 독서 경험에 관심을 가졌다. 대화 중에 "특허 출원을 생각해보지 않으셨어요?"라고 내게 물었다.

세미나가 끝나고 내가 쓴 글을 다시 한번 훑어보았다. 내가 만든 독서카드의 핵심은 두 가지다. 책을 읽어도 남는 게 없다고 생각하는 독자에게 쉽게 독후활동을 할 수 있도록 시스템을 만들어주는 것. 독서카드를 활용해 새로운 인사이트를 만들어내는 것.

책을 읽고
삶이 180도 달라졌다

독서카드가 특허를 받는다면? 개인적으로 독서력을 향상할 수 있으며 이에 따라 사고력을 기르게 되고, 집단으로 활용할 수 있는 좋은 방법을 공개적으로 알릴 수 있다. 이런 결론에 이르게 되니 특허 신청을 해봐야겠다는 자신감이 솟았다. 특허권을 확보하게 되면 내가 만든 독서카드의 장점을 잘 홍보할 수 있는 수단이 될 수 있겠다고 생각하게 되었다.

평소 알고 지내던 특허법인 대표에게 문의했다. 나의 독서 과정을 설명하고 독서노트, 제작된 독서카드와 카드박스를 보여주면서 취지를 설명했다. 담당자는 한 달 정도 선행 논문을 살피고 유사한 특허가 있는지 검토했다. 곧이어 답이 왔다. 청구 범위를 좁히면 출원이 가능할 것이라고 했다. 즉 독서 방법에 관하여 넓은 권리 범위를 가지기는 어려우니 구체적인 활용 예시를 포함한 좁은 권리를 청구하자는 의견이었다.

2023년 3월 특허를 출원했다(출원번호 10-2023-0033230). 발명의 명칭은 '독서카드 기반 지식공유-창출 방법Knowledge sharing-creation method on reading card'이다. 이 발명의 내용은 책을 읽고 난 후 독서 결과를 핵심적인 항목으로 기록함으로써 개인적으로 또는 집합적으로 다양하게 활용할 수 있도록 한다는 것이다. 더 나아가 독서카드가 공유되면서 지식이 확장되고 2차적 지식-아이디어가 만들어지면서 독서의 지식창출 가치가 극대화된다는 기술이다. 변리사의 손길을 거치고 나니 나의 독서 방법이 더 체계적인 어떤 '발명'으로 여겨졌다.

나의 독서 방법 기술이 공식적으로 출원이 되었다는 내용을 특허법인으로부터 통보받고 보니 가슴이 두근거렸다. 오랫동안 꾸준하게 독서 활동을 해온 결과를 인정받은 것 같아서 기분이 좋았다. 특허까지 받는다면 나의 독서 방법을 좀 더 많은 사람에게 알릴 수 있겠다는 희망이 생겼다.

문해력이 일터와 일상에서 화두가 된 시대다. 현대인들이 점점 책을 읽지 않으면서 생각하는 힘이 약해지고 있다. 이 책에 제시된 방법으로 독서카드를 작성하면 책을 오래 기억할 수 있고 독서에 재미를 붙일 수 있다. 내가 아는 사람이 한 권의 책이라도 더 읽고 사고력을 향상했으면 좋겠다.

**책을 읽고
삶이 180도 달라졌다**

3장

특허 GC카드로
완성하는
게인 체인지
독서법

책을 읽어도 남는 게 없다는 사람들을 위하여

8년 전쯤, 앞으로 연구하고 개발해야 하는 미래의 기술 분야를 찾아내는 용역 업무를 담당하고 있을 때였다. 전문가와 박사급 인력 15명이 회의실에 모였다. 회의 참석자들에게 주어진 임무는 연구 대상 지역에서 앞으로 무슨 일이 일어날지 변화를 예측하는 것이었다. 미래를 예측할 수 있어야 필요한 기술이 무엇인지 뽑아낼 수 있기 때문이다. 용역을 주관하는 한국과학기술평가원KISTEP 연구원은 참석자 모두에게 포스트잇을 나눠주고 환경, 경제, 정책 등 몇 개 분야를 지정한 뒤 연구 대상 지역에 무슨 일이 일어날지 작성해달라고 했다. 참석자는 분야별로 그 내용

특허 GC카드로 완성하는
게인 체인지 독서법

을 5개씩 써서 화이트보드에 붙였다.

진행자는 무작위로 붙여진 포스트잇을 분류하면서 주제를 뽑고 포스트잇이 많이 나온 순서대로 중요도 점수를 부여했다. 포스트잇을 해체하고 다시 모으는 과정에서 참석자들에게 의견을 구하고 다시 재분류하는 작업을 반복했다. 몇 시간 후 지역에서 무슨 일이 일어날 것인지 예측하고 이를 해결하기 위해 어떤 기술이 필요한지 일목요연하게 정리되었다.

만약 15명의 전문가가 각자 자신의 의견을 발표하고 이에 대해 토론하면서 결론을 낸다고 생각하면 며칠 밤을 새워도 하지 못했을 것이다. 그러나 이 방법으로는 반나절로 충분했다. 이 과정을 함께 진행하면서 나는 포스트잇을 이용한 집단 의사 결정 방법에 대해 깊은 인상을 받았다.

회의를 지켜보면서 '어떻게' 하느냐에 따라서 나의 사고가, 여러 명의 사고가 달라진 걸 경험하니 존 나이스비트^{John Naisbitt}의 말이 떠올랐다.

'변화의 대부분은 무엇을 하는가가 아니라 어떻게 하는가의 영역에서 발생한다.'

회의가 끝난 뒤 나는 30대부터 시작한 독서에 변화가 필요하다는 것을 느꼈다.

독일 학생들에게서 얻은 힌트

카드 독서법을 생각하게 된 것은 김정운 교수의 책《에디톨로지》덕분이다. 이 책에서 김정운 교수는 독일에 유학을 갔을 때 발견한 독일 학생들의 특이한 모습을 이야기한다. 독일 학생들은 항상 작은 카드에 무엇인가를 작성했다. 그리고 학교 앞에서 파는 다양한 카드와 카드를 정리하는 상자를 자주 구입했다. 어디를 가든 독일 학생의 책상에 있는 카드와 카드박스를 보고 김정운 교수는 더 자세히 학생들을 관찰했다.

학생들은 자신이 배운 내용을 카드에 빼곡히 적는다. 내용 요약, 관련된 개념의 정리, 출처와 날짜 등을 정리하고 카드박스에 꽂는다. 이를 보고 김정운 교수는 큰 깨달음을 얻었다. 독일 학생들은 카드들을 카드박스에 넣을 때 자신만의 순서와 분류에 따라 편집하면서 생각을 창조하는 것이다. 편집할 수 있는 카드가 많으면 많을수록 생각은 다양해지고 깊어졌다. 나는 이 부분을 읽는 순간, 용역 회의 때의 포스트잇 경험이 떠오르면서 '유레카!'를 외쳤다.

그 책을 읽을 때까지 나는 15년 정도 독서를 해오면서 착실히 독후감을 기록했다. 때로는 제법 긴 글을 적어서 직원들과 공유도 했다. 블로그 같은 개인 SNS에 게시하면서 책을 오랫동안 기

특허 GC카드로 완성하는
게인 체인지 독서법

억하려고 노력했다. 그러나 이런 노력에도 불구하고 책을 읽고 나서 몇 년이 지나면 그 책을 읽었던가 하고 기억이 흐릿해졌다.

이미 습관이 된 독서는 내게 지식과 지혜, 즐거움을 주었지만 늘 부족하거나 아쉬운 것이 있었다. 아쉬운 점은 두 가지였다. 하나는 책을 읽은 뒤에 새롭고 창의적인 아이디어를 떠올리고 싶은데 그 방법을 알 수가 없었다. 하나의 소재나 사상에 대해 새로운 생각을 형성하고 싶을 때, 내가 할 수 있는 것은 엑셀로 정리된 나의 독서 목록에서 유사한 책을 읽었는지 검색하는 것이다. 도서명을 찾게 되면 독서 노트를 다시 펼치거나 나의 SNS를 검색해 독후감 기록을 정독한다. 그러나 관련된 책이 여러 권이라면 독서 노트 찾기도 귀찮아진다.

독후활동에 카드를 사용하게 되면 개인의 독서력은 양적으로, 질적으로 확연하게 달라진다. 독서카드를 작성하고 카드가 박스에 쌓이게 되면 바로 그 자리에서 생각의 편집이 가능하기 때문이다. 한 권의 책을 독서카드로 정리한 후 카드박스에 꽂는 순간 다른 카드를 바로 들여다볼 수 있다. 몇 권이든 상관없이 많은 시간을 들이지 않고 바로 읽을 수 있으며 카드박스에서 다시 목차나 순서를 편집할 수 있다. 그 과정을 거치는 동안 내 머릿속에서는 나만의 생각이 자리를 잡게 된다.

다른 하나는 독서를 좋아하는 독자에게 쉽사리 독후활동을 권할 수 없었다는 것이다. 나는 직장 내 독서클럽에 20년 정도 참여하면서 독후활동의 중요성을 강조하고 꼭 독후감을 써보라고 권유했었다. 나의 독려에도 불구하고 회원들은 쉽게 글을 쓰지 못했다. 책을 읽는 것과 정리하는 것은 전혀 별개였다. 책을 좋아하는 동료라 하더라도 독후활동은 엄두를 못 내는 직원이 많았다. 쉽게 따라 할 수 있는 어떤 것이 있으면 좋겠다는 생각을 늘 해왔다. 나는 직접 독서카드를 만들어서 회원들에게 나눠 줬다. 서식까지 만들어서 작성을 권하니 도움을 받았다는 회원이 생겼다.

독서카드는 벼락처럼 내게 찾아온 독서 방법이다. 나는 독서카드를 2015년도부터 사용하기 시작했지만 이후에 찾아보니 카드는 아주 오래 전부터 유용한 도구로 사용되었다는 것을 알게 되었다. 니클라스 루만Niklas Luhmann이라는 사람은 평범한 공무원이었지만 매일 저녁 철학과 사회학 책을 읽는 동안 카드에 메모를 남겼다. 메모상자를 만들어 분류하기 시작하면서 새롭게 떠오른 아이디어를 글로 쓰기 시작했다. 니클라스 루만은 독일의 영향력 있는 사회학자에게 원고를 보낸 것을 계기로 대학교의 교수가 되었고 불후의 사회학 저서를 남겼다. 독일에서 흔한 공부법인 '카타이카르텐Karteikarten'의 원리도 카드 독서의 원리와 비슷하다. 인덱스 함의 카드에 공부할 내용을 적어 자주 꺼내

보면서 기억력을 강화시키는 것이다. 이런 학습법들을 찾아보면서 나의 독서카드 발명이 전통적으로 사용하고 있는 방법이라는 것을 확인할 수 있었다. 니클라스 루만을 소개한 《제텔카스텐》의 책 날개에 실린 메모 카드가 내가 사용하는 카드와 비슷해 한 번 더 놀랐다. 이 책에서 제시하는 독서카드를 사용하지 않을 이유가 없다.

누구나 손쉽게
구할 수 있는 GC카드

앞에서 이야기한 카드를 이용한 독서 정리법을 '게인 체인지Gain &Change'라고 이름 지었다. '게인 체인지'는 '게임 체인저Game Changer'라는 용어에서 따온 것이다. 게임 체인저는 '어떤 일에서 결과나 흐름의 판도를 뒤바꿔 놓을 만한 중요한 역할을 한 인물이나 사건, 제품 등을 이르는 말'이다. 즉, '게인 체인지' 독서법이란 '게인 체인지 카드(일명 GC카드)'를 통해 책에서 지식과 지혜, 위로, 정신적 즐거움을 획득Gain하고 여기서 한 걸음 나아가 생각과 행동의 변화Change를 일으켜 삶의 판을 바꾸게 된다는 뜻이다.

특허 GC카드로 완성하는
게인 체인지 독서법

왜 카드일까

노트를 쓰는 것과 카드를 작성하는 것의 차이를 먼저 살펴보자. 기록 매체로써의 노트는 몇 가지 특징을 지닌다. 첫째, 노트는 페이지를 넘기면서 순서대로 작성해야 한다. 둘째, 노트는 분류 기능이 없다. 물론 포스트잇이나 북마크를 붙여 분류할 수도 있다. 그렇지만 만약 재분류를 할 경우 노트를 찢어야 한다. 내지를 자유롭게 빼고 넣을 수 있는 바인더가 있지만 부피가 크다. 셋째, 두꺼운 노트는 가지고 다니기에 불편하다.

이에 반해 카드는 여러 가지 장점이 있다. 우선 순서를 마음대로 바꿀 수 있다. 분류를 바꿀 수 있으며 이미 분류된 카드도 자유롭게 이동할 수 있다. 가지고 다니기에도 편하다. 필요한 수량만큼 재킷의 주머니에 넣어서 보관할 수도 있고 손에 가볍게 들고 다니는 휴대용 가방에 얼마든지 넣고 다닐 수 있다. 책갈피로 사용하는 것도 가능하다.

게다가 GC카드는 온라인 쇼핑몰에서 쉽게 구할 수 있는 단어장 카드다. 단어장이라는 이름 외에 독서카드, 암기카드, 스터디 카드라는 이름으로도 판매되고 있다. 여러 카드 중에서도 가로 15.4cm, 세로 10.4cm 크기의 카드가 가장 적당하다. 두께는 일반 종이보다 두꺼운 질감이 좋다. 가지고 다니면서 책갈피로 써도 쉽게 손상되지 않아야 하기 때문이다. 20여 년 동안 독서카드를 기록하며 찾은 최적의 두께와 크기다.

카드를 보관할 박스도 필요하다. 처음에는 카드박스를 만들지 못해서 잡화점에서 명함꽂이를 샀다. 칸막이를 만들기 위해 비슷한 크기의 플라스틱을 자르고 접착제로 붙였다. 아주 더디지만, 카드가 한 장씩 박스에 채워지면 나의 행복감도 채워졌다. 카드 한 장에 책 한 권인 셈이다. 가득 찬 카드박스를 보면 안 먹어도 배가 불렀다.

카드박스는 단순히 보관용이 아닌 GC카드를 도서 분야별로 분류하기 위해서다. 초보자는 5개 분야 정도가 적당하다. 독서력이 있는 독자라면 나처럼 10개까지 범위를 늘려도 좋겠다. 도서

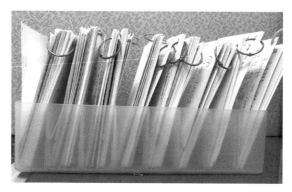

문학, 심리, 자서전과 평전, 철학과 예술, 되돌아보기, 건강, 도시와 역사, 정치와 국가, 경제와 기술, 자기계발 분야 10개로 나눠놓은 GC카드박스

특허 GC카드로 완성하는
게인 체인지 독서법

분야를 분류하는 행위 자체는 나의 관점을 반영한다. 어떤 책이 더 끌리는지, 나는 앞으로 어떤 사상을 형성하고 싶은지에 대한 방향이 정립된다. 나는 문학, 심리, 자서전과 평전, 철학과 예술, 되돌아보기, 건강, 도시와 역사, 정치와 국가, 경제와 기술, 자기계발 분야로 나누었다. 나는 사회적으로는 불평등, 과학기술과 인간의 조화로운 삶에 관심이 있고 개인적으로는 행복과 직관력의 향상을 목적으로 하는 독서를 하고 싶다.

GC카드의 구성 요소 네 가지

GC카드에 아래 네 가지를 기록한다.

- 핵심 문장 발췌copy
- 책의 내용 요약contents
- 책으로부터 획득Gain
- 변화Change에 대한 것

첫 번째로는 책 속의 문장을 발췌한다. 기억하고 싶은 문장이나 핵심 문장 등 카드에 옮겨 적고 싶은 문장을 기록한다. 문장을 따로 떼어내 카드에 적으면 책에서 이야기하는 수많은 메시지 중에 어떤 것을 가장 중요하게 생각하는지 나의 관점이 드러난다. 두 번째, 책 내용을 요약한다. 이 훈련은 아주 중요하다. '이 책의 내용은 A다'라고 말할 줄 알아야 책을 읽었다고 할 수 있다. '재미있었어, 감동적이야'라는 말은 알맹이가 쏙 빠진 말이다. 독후활동을 축적한 지금의 나는 어느 책이든 요약할 수 있게 되었다. 책의 내용을 요약할 수 있다는 것은 핵심을 파악한다는 의미다.

세 번째부터가 실질적인 독서의 목적이라고 할 수 있다. 2021년에 시행된 〈2021년 국민 독서실태 조사〉에서 주된 독서의 목적을 물었을 때, 성인의 26.9%, 학생의 27.8%가 '새로운 지식과 정보를 얻으려고' 독서한다고 1순위로 응답했다. 그다음 2순위부터는 성인과 학생의 답변이 갈렸는데, 성인의 경우에는 2순위가 '교양과 상식을 쌓으려고(20.3%)', 3순위가 '마음의 위로와 평안을 얻으려고(17%)'였다. 학생의 경우에는 '책 읽는 것이 즐거워서(15.3%)', '교양과 상식을 쌓기 위해서(10.5%)'가 각각 2순위, 3순위를 차지했다.

독서실태 조사에서 나타난 바와 같이 성인이든 학생이든 독서의 목적은 무언가를 책으로부터 획득Gain하는 것이다. 이때 획득Gain하는 것은 지식, 정보일 수 있겠지만 마음의 위로와 평안

특허 GC카드로 완성하는
게인 체인지 독서법

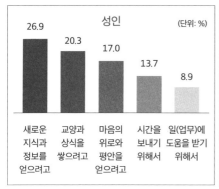
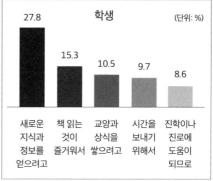

〈2021년 국민 독서실태 조사〉 보고서 중 독서의 목적에 대한 성인과 학생의 답변
※ 독서자 기준, 상위 5위 항목까지만 표기

도 될 수 있다. 따라서 세 번째 항목에는 내가 어떤 지식과 정보를 얻었는지 혹은 책을 통해 어떻게 위로받았는지, 어떤 감정을 느끼고 감동했는지를 최대한 구체적으로 적는다. 이렇게 글을 쓴다면 내면에서 떠도는 생각과 감정을 글로 쓰는 행위를 통해 좀 더 명확히 바라보게 될 뿐만 아니라 책의 내용을 오래 기억할 수 있다.

마지막으로 책을 읽고 난 후에 바뀐 생각이나 행동을 적는다. 책을 읽을 때마다 혁신적인 변화가 일어날 수는 없다. 비록 커다란 깨달음은 없을지라도 책을 덮고 카드를 작성하면서 '앞으로는 어떻게 살아야지, 생각해야지, 행동해야지' 같은 다짐을 했다는 것을 알 수 있다. 그걸 적는 것만으로도 충분하다. 이 과정을 통해 책에 대한 나만의 관점이 생긴다. 책은 저자의 손을 떠나면 독자의 책이 된다. 같은 책이라도 읽는 이에 따라 다르게 읽힌다. 만 명이 읽는다면 만 권의 새로운 책이 다시 탄생하는 셈이다. GC카드를 쓰다 보면 독서량이 점점 늘어가는 것과 함께 어느 순간 칸이 모자라는 것을 느낄 수 있을 것이다.

특허 GC카드로 완성하는
게인 체인지 독서법

독서의 궁극적인 목표, 게인 체인지^{Gain & Change}

GC카드의 구성 요소를 살펴보았으니, 이제 내가 실제로 GC카드를 어떻게 작성하는지 알아보자. 가장 먼저, 카드 앞쪽 윗면에 책의 제목과 저자, 출판사, 정리한 날짜, 그리고 카드 작성 번호를 적는다. 외국 서적일 경우 저자를 적는 칸에 괄호를 표시해 옮긴이를 적어준다. 정리한 날짜는 읽기 시작한 날과 정리한 날짜를 함께 표시하고 괄호 안에 읽은 기간을 표시하는 것도 좋은 방법이다.

앞서 말했듯이 GC카드에 적을 내용은 첫 번째로 '핵심 문장 발췌^{copy}'다. 처음 독서카드를 작성한다면 책에서 베껴 쓰고 싶은 부문만 옮겨도 좋다. 다음 단계인 '책 내용 정리하기, 획득한 정보와 변화된 내용 적기'는 초보자가 바로 실행하기에는 힘들 수도 있기 때문이다. 초보자라면 발췌부터 시작하자. 먼저 기억에 새기고 싶은 문장을 옮겨 적기 위해서는 책을 읽을 때 밑줄을 그어두어야 한다. 어떤 문장에 밑줄을 그어야 할지 모르겠다는 사람들을 위해 밑줄을 그을만한 문장의 기준을 정리했다.

- 나의 생각과 일치하는 부분
- 나와 전혀 다른 의견을 논리적으로 잘 설명한 부분
- 감동적인 문장
- 충격적인 내용
- 친구에게 들려주고 싶은 문장
- 책의 내용을 핵심적으로 소개한 문장

책을 다 읽은 후, 독서카드를 옆에 두고 책을 넘기면서 밑줄친 부분을 읽어나간다. 이때 모든 문장을 옮겨 쓸 필요는 없다. 다시 읽게 되면 '왜 밑줄을 그었을까' 하고 의문이 드는 문장도 있다. 그런 문장은 과감하게 무시하고 넘긴다. 옮겨 쓸 문장을 고르는 것 또한 내 생각을 정리하는 과정이다. 책에서 무엇이 중요하고 중요하지 않은지, 이 문장이 책을 대표하는 문장이라고 할

특허 GC카드로 완성하는
게인 체인지 독서법

수 있는지 계속 생각하게 된다. 이런 과정을 통해 자연스럽게 저자의 주장과 내 생각이 편집된다.

나는 이렇게 옮겨 적은 문장을 핸드폰에 저장해서 한 번씩 꺼내 되새긴다. 가볍게 옮겨 적은 한 문장이 직접적으로 삶에 도움이 되기 때문이다. 그중 하나는 철학자이자 언어학자 비트겐슈타인Ludwig Wittgenstein의 말이다.

'말해질 수 있는 것은 분명하게 말할 수 있다. 그리고 말할 수 없는 것에 관해서는 침묵해야 한다.'

이 말은 인간이 논리적으로 접근할 수 있거나 검증이 가능한 것의 한계를 밝히기 위한 문장이지만 나는 철학적 해석과는 다르게 받아들였다. 나에게 이 문장은 '말해질 수 있는 것'과 '말할 수 없는 것'이 존재한다는 것을 겸허하게 받아들이고 둘을 구분할 수 있는 지혜를 가져야 한다는 뜻이다. 이 문장을 핸드폰에 옮긴 이후로 중요한 사항에 대해 한 번 더 생각하고 말하거나 말하지 않는다.

하루가 저물 때 나를 위로하는 말은 니코스 카잔차키스Nikos Kazantzakis가 자신의 저서, 《영혼의 자서전》에 쓴 프롤로그 첫 문장이다. '시각, 후각, 촉각, 미각, 청각, 지성―나는 내 연장을 거둔다'라고 시작되는 문장은 '밤이 되었고 하루의 일과는 끝났다. 나는 두더지처럼 내 집으로, 땅으로 돌아간다. 지쳤거나 일을 할

앞면

	제 목	저 자	옮긴이	날짜._____
○				No._____

GC카드

"간직하고 싶은 문장 Copy"

"책 내용 Contents"

ⓒ허필우

뒷면

○

No._____

"획득 Gain" (정보, 지식, 지혜, 카타르시스, 위로, 힐링, 정신적 즐거움 등)

"변화 Change" (행동 또는 생각의 변화)

ⓒ허필우

직접 제작한 GC카드.

특허 GC카드로 완성하는
게인 체인지 독서법

수 없기 때문은 아니다. 나는 피곤하지 않다. 하지만 날이 저물었다'라고 글을 맺는다. 문장 자체도 아름답거니와 오늘 마치지 못한 일이 있어도 날이 저물었으면 내 연장을 거둬야 한다는 말이 큰 위로가 된다.

두 번째는 내용 요약contents이다. 독후감을 한두 번 써봤다면 책이 어떤 내용으로 구성되어 있는지 요약할 수 있다. 독후감이 낯설더라도 '핵심 문장 발췌'를 많이 해봤다면 자연스럽게 책의 내용을 요약할 수 있을 것이다. 추가로 정보가 필요할 때는 목차를 한 번 더 훑어보면 된다. 책의 내용을 요약하는 것이 능숙하지 않은 독자는 책날개나 앞 뒷면에 소개된 내용을 그대로 옮겨 적어도 좋다. 혹은 저자가 서문이나 에필로그에서 책의 내용을 요약해두기도 하니 이를 참고해도 좋다. 책을 오래 기억하는 데 내용 요약이 중요하다는 것은 아무리 강조해도 지나치지 않는다. 한 문장으로 설명할 수 없다면 책을 읽었다고 할 수 없다. GC카드를 통해 책의 내용을 요약하는 훈련을 반드시 하길 바란다.

핵심은 책으로부터 얻은 것, 바뀐 것

세 번째부터는 카드 뒷장에 적는다. 여기서부터 GC카드의 핵심이 시작된다. 책으로부터 획득Gain한 내용을 적는다. 획득은 크게 두 가지, 이성적인 것과 감성적인 것으로 나뉠 수 있다. 이성적인 것으로는 정보information, 지식Knowledge, 지혜wisdom가 있다. 정보는 내가 기존에 알고 있는 것을 업데이트하거나 새로운 내용을 적는다. 주로 통계청이나 연구 기관에서 보고하는 수치나 사실, 조사 기관에서 공표되거나 보도된 자료 중에서 내가 유익하다고 생각하는 내용을 발췌한다. 지식은 정보에서 한 걸음 더 나아가 추상적인 앎, 인식 등을 형성하게 된 내용이다. 정보와 지식은 주로 경제·경영 서적, 자기계발서, 과학 서적에서 획득할 수 있다. 지혜는 인간의 삶에 있어서 표준이나 방향, 지침이 될 만한 경구로 이루어진 문장이다. 이와는 달리 감성적인 것으로는 위로, 힐링, 정화(Katharsis, 카타르시스), 정신적 즐거움, 기쁨, 풍자와 해학을 말한다. 시, 소설을 비롯한 인문학 서적에서 감성적인 획득이 빈번하게 일어난다.

마지막으로 GC카드에 기록할 내용은 변화Change에 대한 것이다. 크게는 생각의 변화와 행동의 변화가 있다. 내가 이렇게 말을 하면 책을 읽고도 아무런 깨달음이 없다고 푸념하는 사람들이 있다. 스스로에게 이렇게 질문해보자.

'책을 읽고 나는 달라졌다. 무엇이 바뀌었는가?'

아무런 전환이 없어 보여도 일단은 책을 읽고 변했다고 단정

특허 GC카드로 완성하는
게인 체인지 독서법

한 후에 질문을 던져보는 것이다. 책을 읽고 나면 반드시 달라지는 게 있기 마련이지만 세심하게 살펴보지 않으면 어떤 변화가 있었는지 알 수 없다. 그러나 나의 촉각을 곤두세우면 충분히 알 수 있다. GC카드를 작성하면 더 자연스럽게, 쉽게 알아차릴 수 있다.

나에게 생각의 변화를 준 책들을 꼽자면 김익중 교수가 쓴 《한국탈핵》(절판)이 있다. 이 책을 읽기 전에는 에너지라고 하면 단순히 전기만을 떠올렸고, 에너지 문제에 대해서는 '편하게 전기를 사용할 수 있으면 그만'이라고 믿었다. 나는 이 책을 읽고 크게는 인류의 미래, 작게는 우리 지역의 에너지 문제에 대해 생각의 방향을 전환하게 되었다.

파트리크 쥐스킨트 Patrick Suskind의 《깊이에의 강요》도 내게 생각의 변화를 준 책이다. 소설 《향수》의 저자이기도 한 쥐스킨트의 책, 《깊이에의 강요》는 어느 미술비평가에게 '깊이가 없다'라는 평가를 듣고 괴로워하다가 자살한 화가의 이야기다. 나는 이 책을 읽고 외부의 평가에 대해 대처하는 자세를 배우게 되었고, 살면서 이런저런 태클을 받을 때마다 이 소설을 떠올린다. 타인의 지적에 대해 괴로워하는 동료나 후배 직원들과 대화할 때면 권하는 책이다.

행동의 변화를 일으키게 해준 책도 있다. 행동의 변화는 독서의 궁극적인 목표라고 할 수 있다. 앞서 말했듯이 나는 김정운 교수의 《에디톨로지》라는 책을 통해 독일 학생들이 카드로 지식을 정리하고 새로운 생각을 창조한다는 것을 알게 되었다. 나는 그 이후로 독서록을 작성하고 나서 카드에 한 번 더 옮겨 적는 작업을 시작하게 되었고 몇 년에 걸쳐 나만의 방식, GC카드를 완성했다. GC카드를 쓰기 시작하면서부터 책을 읽고 변화되는 나의 모습과 생각을 정확히 파악할 수 있었다. GC카드를 쓰며 생각과 행동의 변화를 느낀 건 나뿐만이 아니다. 아래는 직장 내 독서 모임 회원들이 GC카드를 사용하고 내게 보내준 후기의 일부다.

"읽은 책들을 정리할 수 있어서 좋고, 토론 내용도 더욱 풍성해졌습니다."   ― 40대 남성, 연간 5~10권 독서

"간직하고 싶은 문장을 쓰는 건 정말 오랜만….."

　　　　　　　　　　　　　　　　　　　　― 30대 여성, 연간 3권 독서

"내용, 획득, 변화, 간직하고 싶은 문장으로 구분되어 있어 체계적으로 독후활동을 정리할 수 있었습니다."

　　　　　　　　　　　　　　　　　　　　― 50대 여성, 연간 20권 독서

"본인이 읽었던 책을 요약, 정리해서 한눈에 보기 쉽습니다."

　　　　　　　　　　　　　　　　　　　― 30대 여성, 연간 10권 독서

특허 GC카드로 완성하는
게인 체인지 독서법

회원들은 미리 정해진 카테고리에 따라 채워넣기를 하니 정리하기가 훨씬 편해졌다고 한다. GC카드를 작성해본 사람은 옮겨 적는 시간 동안 책에 대해 한 번 더 생각할 수 있고 전체적인 책의 내용도 자연스럽게 정리되고 자기의 생각이 세워지는 효과를 경험했다.

GC카드로 자유롭게
책들을 넘나들며 틀을 깬다

어느 날 저녁, 식구들과 다 함께 식사를 마친 후 놀이 삼아 MBTI 검사를 했다. 휴대폰으로 몇 개의 질문에 답을 하니 쉽게 결과가 나왔다. 식구들과 각자의 성격 유형을 파악하고 서로 어떤 유형 끼리 더 궁합이 맞는지까지 살펴보면서 재미있는 시간을 보냈다. MBTI는 네 가지 기준, 즉 인지적 기능, 정보수집 방식, 의사 결정 방식, 사회적인 선호도를 기본으로 인간의 성격을 열 여섯 가지로 나눈 심리 검사다.

이렇게 사람과 사물을 가장 쉽고 빠르게 이해하고 판단하는 방법은 '분류'하는 것이다. 새로운 사람(혹은 물건)을 만나면 우리

특허 GC카드로 완성하는
게인 체인지 독서법

의 뇌는 자연스럽게 그(그것)를 어떤 유형에 속하는지 먼저 분류한 뒤 유형의 특성을 그(그것)와 연관시킨다. 그후에 다시 마주치면 감각 기관에 포착된 특성을 빠르게 뇌에 전달한다. 그 특성이 내가 미리 분류해놓은 카테고리(범주)에 있다면 내가 마주하는 그(그것)를 아는 것으로 인식하는 것이다.

대니얼 커너먼Daniel Kahneman은 심리학자임에도 불구하고 전통경제학의 프레임을 뒤엎는 행동경제학을 창시해 2002년 노벨 경제학상을 받았다. 커너먼 교수는 《생각에 관한 생각》에서 인간의 생각을 '시스템1'과 '시스템2'로 나누었다. 그의 주장에 따르면 시스템1은 저절로 빠르게 작동하며, 노력이 거의 또는 전혀 필요치 않고, 자발적으로 통제할 수 없다. 시스템2는 복잡한 계산을 비롯해 노력이 필요한 정신 활동에 주목한다. 흔히 주관적 행위, 선택, 집중과 관련해 활동한다. 우리가 어떤 것을 분류하는 행위는 별다른 노력이 필요 없이 빠르게 작동하기 때문에 이로운 면이 있지만 심각한 오류를 일으키기도 한다. 행동경제학자는 이를 '대표성 어림짐작(휴리스틱, Heuristics)'이라고 부른다.

분류 또는 구획 만들기에 익숙해지면 새로운 생각을 일으키기보다는 이미 정해진 분류에만 따라 일을 처리하게 된다는 것이다. 한 권의 책이 가진 엄청난 정보와 다양한 지혜에도 불구하고 '저 책은 사랑을 이야기하고 있어', '이 책은 경제 서적으로 돈

버는 방법을 알려주고 있어', '그 책은 역사책이야'라고 분류하고 책장에 꽂아두면 다시는 그 분류에서 빠져나오기가 어렵다. 우리는 책에 자유를 줘야 한다. 여기저기로 마음껏 뛰놀게 해야 한다.

GC카드는 편집이 가능하다

이 책을 따라 GC카드를 사용하기 시작하고 6개월 정도만 지나면 20개 이상의 카드가 박스 안에 채워질 것이다. 이때부터는 구획을 나누거나 링을 준비해 분류하는 작업을 시작해야 한다. 처음에는 서점의 분류를 따라 할 수 있지만, 곧 이런 방법은 재미가 없다는 것을 알게 될 것이다. 나도 처음에는 많은 고민을 하고 여러 차례 수정을 거치면서 지금의 체계를 갖추었다. 지금까지도 계속 새롭게 분류하고 있다. 현재 나의 분류는 다음과 같다. 문학, 철학과 예술, 심리, 자서전과 평전, 되돌아보기, 건강, 도시와 역사, 정치와 국가, 경제와 기술, 자기계발 이렇게 10개의 분야로 분류해뒀다.

　GC카드의 가장 큰 장점은 편집할 수 있다는 것이다. 카드를 편집한다는 것은 어떤 의미인가? 예를 들어보자. 나의 독서카드는 모두 10개의 분류로 이루어져 있다. 내가 행복에 관한 책을 읽고 이와 관련된 새로운 생각을 하고 싶다면 심리와 되돌아보기 분야에서 카드를 찾을 수 있을 것이다. 심리 분야에는 용기, 심리학, 불안, 힐링, 종교에 관한 독서카드가 담겼다. 되돌아보기 분야에는 욕심 줄이기와 여행에 관한 책들이 모여있다.

나는 심리 분류에서 '안정된 애착 관계를 만드는 일은 삶의 고단함이나 사회 부적응 같은 문제를 개선하는 열쇠'라고 이야기하는《나는 왜 혼자가 편할까》에 대한 카드를 꺼내 볼 것이다. 이와 함께 '인간은 삶으로부터 질문을 받고 있으며 자신의 삶을 책임짐으로써 삶의 질문에 대답할 수 있다'라는 문장이 적힌《죽음의 수용소에서》와 다른 사람에게 공헌하고 있다고 느끼는 것을 통해 자신의 가치를 실감하라고 알려주는《미움받을 용기》에 대해 기록한 카드를 뽑을 것이다. 되돌아보기 분류에서는 '좋은 삶으로서의 행복은 좋은 기분과 함께 삶의 의미와 목적, 그리고 삶을 향한 품격 있는 태도와 자세까지 포함한다'라는《굿 라이프》, 우리 사회에 만연한 불평등 문제를 짚어보고 해결책을 제시한《불평등이 문제다》의 독서카드를 찬찬히 다시 읽어볼 것이다.

5개의 카드를 보는 것은 5권의 책을 읽는 것과 같다. 5개의 카드를 통해 행복이란 삶의 의미를 찾는 것과 삶 자체를 품격있게 만드는 것이라고 규정해보고, 행복의 방법으로는 내부적으로 자신만의 가치를 찾아가기와 타인과의 관계에 있어서는 안정된 애착 관계 만들기를 제시하겠다. 이와 함께 개인의 측면을 넘어서 국가와 사회가 불평등 문제를 해결하는 데 집중해야 함을 주장하겠다. 저자들이 했던 말을 적절하게 인용하면 나의 행복론에 대해 큰 틀을 갖출 수 있다.

카드박스에 이미 분류된 카드를 해체해 새롭게 소팅sorting한다는 것은 틀을 깨는 행위다. 책은 활자로 인쇄되어 구체적으로 우리 손에 잡히지만 고정된 것이 아니다. 책은 저자의 정신적 산물이기 때문이다. 한 분야의 책으로 규정될 수 없다. 읽는 사람에 따라 다르게 해석되고 분류될 수 있다. 우리는 책에 자유를 줘야 한다.

특허 GC카드로 완성하는
게인 체인지 독서법

한 권의 책이 한 장의 카드로

여러 독서 모임을 운영하며 책을 읽는 많은 사람을 만났다. 이들과 함께 GC카드를 작성하고 토론을 했다. 다른 사람들은 어떻게 GC카드를 활용하는지 보고, 작성할 때 참고해보자.

'예시 1'은 GC카드 초기 버전이다. 작성자는 에른스트 슈마허 Ernst Schumacher의 《작은 것이 아름답다》를 읽고 GC카드를 썼다. 초기 버전은 아직 시행착오의 단계로, 항목의 순서가 다르다. 책 내용을 먼저 요약하고 획득한 정보, 변화된 내용, 간직하고 싶은 문장 순으로 정리했다. 카드를 살펴보면 인간이 작은 존재라는 것에 초점을 두고 책 내용을 간략하게 요약했음을 알 수 있

제목	저자	옮긴이	날짜. 2021.2
작은 것이 아름답다	에른스트 슈마허	이상호	No._____

GC 카드

○

"책 내용 Contents"

작은 것은 자유롭고 창조적이고 효과적이며 편안하고 즐겁고 영원하다. 자원은 유한하고, 인간은 작은 존재

인데, 인간이 추구하고 있는 것은 더욱 거대하고 방대하기 때문에 결국 한계에 부딪힐 것이다. 우리는 작기

때문에 그만큼 작게 추구해야 한다.

"획득 Gain" (정보, 지식, 지혜, 카타르시스, 위로, 힐링, 정신적 즐거움 등)

현대 직장인들의 목표인 "Fiance Freedom"(경제적 자유)는 개인적, 미시적인 반면, 이 책에서는 보다 근본적인

가치와 사회적 문제, 경제학의 역할, 사명감을 갖게 했다.

"변화 Change" (행동 또는 생각의 변화)

왜 불교라는 동양의 종교와 서양의 경제학 사이 접점을 찾으려 했는가? 비경제적인 것들의 가치는 어떻게 매

길까? 가치를 매길 수 없는 것들은 과연 아름다울까?

©허필우

앞면

○

No._____

"간직하고 싶은 문장 Copy"

- 오늘날 비난할 때 사용하는 어휘 가운데 '비경제적'이라는 말만큼 결정적인 것은 없다. 어떠한 행위에 비경
  제적이라 낙인이 찍히면 그것은 존재할 권리를 의심받는 데 그치지 않고 강하게 부정된다. 경제성장을 방해
  하는 것으로 알려진 것은 모두 부끄러운 것이며, 거기에 집착하는 사람은 방해꾼이나 바보취급을 받는다.

- 너무 적게 가진 사회는 있다. 그러나 '그만하자! 이만하면 충분하다'고 외칠만큼 풍요로울 사회가 어디에 있
  겠는가? 그러한 사회는 없다.

- 소규모 사업은 아무리 수가 많더라도 항상 대규모 사업에 비해 자연환경에 적은 해악을 끼치는데, 이는 그
  것 '소규모 사업'의 개별적인 힘이 자연의 회복력에 비해 작기 때문이다. 인간의 지식은 이성보다 경험에 훨
  씬 더 많이 의존한다는 점에서 작고 보잘 것 없으며, 바로 그런 이유에서 작은 것 속에 지혜가 깃들어 있는
  셈이다.

©허필우

뒷면

예시 1. 《작은 것이 아름답다》 GC카드. 작성자는 30대 여성, 연간 독서 10권.

특허 GC카드로 완성하는
게인 체인지 독서법

다. '획득한 것'으로는 '경제적 자유'라는 의미에 대해 현대 직장인들과 다른 개념을 가지고 있다는 데 주목했다. '변화된 내용'은 질문으로 채웠다. 자본주의가 공기처럼 우리를 둘러싸고 있는 환경에서 이제 막 본격적으로 사회생활을 시작하고 돈을 벌기 시작한 젊은이에게 슈마허의 외침은 깊이 와닿지 않을 수 있다. 행동이나 생각의 변화를 초래하지는 못했지만, 충분히 생각거리를 제공한다.

'예시 2'에서는 개선된 GC카드를 확인할 수 있다. 책 내용을 요약하기 위해서는 책 속 문장부터 훑어보는 것이 흐름에 맞는다고 생각해 순서를 바꾸었다. 간직하고 싶은 문장부터 옮겨 적은 후 책 내용을 요약하는 순이다. 뒷면에는 '획득한 것'과 '변화 내용'을 적도록 했다.

GC카드를 살펴보면 작성자는 《메타버스》를 읽고 카드를 작성하면서 '인간이 디지털 기술로 현실 세계를 초월해서 만들어낸' 메타버스에 대한 정보를 얻고, 미래를 어떤 방식으로 대응해야 할지에 대한 모색으로 이어졌다. 책으로부터 유익한 정보를 얻고 GC카드를 통해 통찰력을 기른 사례다. 뒷면은 칸이 많이 모자라서 깨알같이 글을 적고도 여백을 활용했다. 이렇게 칸이 모자랄 정도로 '획득'과 '변화'가 많다면 별도로 독후감을 적어가면서 새롭게 솟아나는 생각을 정리해봐도 좋겠다.

제 목	저 자	옮긴이	날짜. 4.17.
메타버스	김상균		No.

"간직하고 싶은 문장 Copy"

인간이 디지털 기술로 현실 세계를 초월해서 만들어낸 여러 세계를 메타버스라 합니다. 코로나 19 이전까지는 메타버스보다 현실세계에 머무는 이들이 더 많았습니다. 크기가 100나노미터도 안되는 작은 코로나19 바이러스가 세계인류를 거대한 메타버스 속으로 강제이주 시킨 셈입니다. 메타버스는 현실을 벗어나기 위한 세계, 어울림을 피하기 위한 수단이 아닙니다. 더 편하게 더 많은 이들과 어울리기 위한 세계가 메타버스입니다.

"책 내용 Contents"

증강현실, 라이프로깅, 거울세계, 가상세계 등 작가는 현재 우리고 접하고 있는 메타버스적 요소뿐만 아니라 미래세계에 있을 법한 TV나 영화에서는 종종 다루어지는 디지털 시대의 변화를 정말 쉽고도 재밌게 설명하고 있다. 또한 메타버스를 활용하여 현실세계에서 기업을 효과적으로 운영하는 방법과 우리가 메타버스를 활용하되 맹신하지 않도록 메타버스의 장점과 단점 등을 설명한다.

©허필우

앞면

No.

"획득 Gain" (정보, 지식, 지혜, 카타르시스, 위로, 힐링, 정신적 즐거움 등)

인스타, 유튜브를 활용하여 현실의 나의 삶을 그려내는 라이프로깅을 즐기는 세대에서 이제는 한 단계 나아가서 10대들은 내가 아닌 분신을 만들어 그 아바타로 소셜미디어 활동을 하고 증강현실 속에서 소통하고 자신만의 공간을 만들어 공유하는 시대가 되었으며 그러한 공간에서 현실 가수가 신곡발표를 하고 정치인이 선거 캠페인을 하는 시대가 되었다. 과거 우리가 생각했던 가상세계가 현실과 동떨어져 연계될 수 없다고 봤던 시각에서 이제는 가상세계 또한 현실세계와 연결되어 있으며 현실세계에서 우리가 다른 누군가와 관계를 맺기 위해 노력하는 것처럼 가상세계에서도 또 다른 방식으로 누군가와 관계를 맺고 자신만의 세계를 만들어가려고 노력한다는 점이 인간은 끊임없이 어떤 방식으로든 소통하고 연결되고자 노력하고 있는지 알 수 있었다.

"변화 Change" (행동 또는 생각의 변화)

기술은 너무나 빨리 변천하고 내가 알지 못하는 곳에서도 변화는 시작되고 누군가는 이러한 기술을 빨리 활용하여 현실 세계의 '나'를 발전시키는 것 같다고 느꼈다. 기술이 발전하고 인간이 더 기계화되고 인간관계가 점점 피폐해질 거라고 말하고 현실과 가상의 구분이 모호해져 잔인한 사회문제가 더 심각해진다고 한다. 하지만 이런 변화는 피할 수 없는 흐름이며 인간은 어느 시대를 불문하고 서로에게 잔인하기도 했으며 돈으로 차별당하기도 했지만, 그 와중에도 시대의 흐름이 빠르게 흐를 수 있게 하는 힘을 가진 선인들이 존재했기에 시대가 연결되고 세계가 지속될 수 있었던 거 같다는 생각이 듦과 동시에 이런 시대적 흐름을 놓치지 않고 더 열심히 배우고 올바른 방향으로 가야겠다고 생각했다.

©허필우

뒷면

예시 2. 《메타버스》 GC카드. 작성자는 30대 여성, 연간 독서 12권.

특허 GC카드로 완성하는
게인 체인지 독서법

'예시 3'은 나의 GC카드다. 김정운 교수의 《에디톨로지》를 한 번 더 읽고 GC카드를 작성한 것이다. 이 책은 나에게 직접적인 행동의 변화를 요구한 책이다. 나는 2015년 2월에 이 책을 읽고 카드로 책을 정리하는 습관을 들였기 때문이다. 당시 '획득'에서 강조했듯이 '해체'라는 개념을 나의 뇌 속에 깊이 박았다. '주체적인 해체'의 방식은 책을 읽든, 업무를 하든, 살아가는 모든 부분에 적용된다. 자신의 관점을 세우지 않으면 외부의 조건과 명령에 흔들리는 자신을 발견하게 된다.

　온전하게 스스로 서는 방법, GC카드를 통해 훈련할 수 있다.

제목	저자	옮긴이	날짜. 21.1.14.
에디톨로지	김정운		No._____

GC 카드

"간직하고 싶은 문장 Copy"

- 우리는 세상의 모든 사건과 의미를 각자의 방식으로 편집한다. 이 같은 '편집의 방법론'을 통틀어 나는 '에디톨로지'라고 명명한다.
- 공간의 구조가 바뀌면 태도가 바뀐다.
- 독서는 내가 가진 개념과 저자의 개념이 편집되는 에디톨로지 과정이다. 그래야만 저자의 생각이 내 생각의 일부가 된다. 우리는 저자의 생각을 그대로 받아들이기 위해 책을 읽는 것이 절대 아니다.
- 창조적이고 싶다면 무엇보다 이 따분하고 지긋지긋한 삶을 낯설게 해야 한다.

"책 내용 Contents"

저자는 지식과 문화, 관점과 장소, 마음과 심리, 크게 세 부분으로 나누어 각각의 분야에서 편집의 의미를 살펴보고 어떤 방식으로 편집이 이루어지는지 설명해준다.

©허필우

앞면

No._____

"획득 Gain" (정보, 지식, 지혜, 카타르시스, 위로, 힐링, 정신적 즐거움 등)

편집 방식은 자신의 고유한 사고방식에 따라 진행, 관점은 편집 행위에서 가장 중요, 독서를 통해 다양한 편집을 경험함으로써 관점에 관한 역량을 키울 수 있음.

해체의 중요성: 편집의 단위를 뽑아내는 해체가 있어야 편집 가능

"변화 Change" (행동 또는 생각의 변화)

2015년 2월에 이 책을 읽고 독서카드를 만들기 시작함.

편집은 창조다. 내가 가진 정보와 지식의 위치와 순서를 바꾸고 내 주위의 사람과 물건, 이야기를 다른 맥락으로 해석하면 새로운 것이 나옴.

©허필우

뒷면

예시 3. 《에디톨로지》 GC카드. 작성자는 50대 남성, 연간 독서 50권.

특허 GC카드로 완성하는
게인 체인지 독서법

4장

한 권을
세 번 읽는 것처럼
만드는
독서 루틴

최적의 독서량은
일주일에 한 권

일주일에 한 권 루틴은 나의 20년간의 독서 경험에서 나온 숫자다. 나는 처음 독서를 시작하고 몇 년간은 '일주일에 한 권' 읽기가 힘들었다. 직장인이 자기계발서가 아닌 문학, 역사, 철학 분야의 책을 골고루 섞어가며 일주일에 한 권 읽기는 쉽지 않다. 이를 위해 월요일부터 금요일까지 주중에 3일 정도는 저녁에 한두시간을 확보해야 하고, 주말에도 책에만 집중할 수 있는 시간이 있어야 한다. 나 역시 독서를 시작한 지 4년째가 되어서야 한 해에 47권을 읽게 되었고 그 이후부터는 연평균 50권의 책을 읽게 되었다.

한 권을 세 번 읽는 것처럼
만드는 독서 루틴

흔히 책 읽을 시간이 없다고 말한다. 정말 시간이 없는 것일까? 사실 시간이 없는 게 아니다. 누구나 하루 24시간 혹은 1,440분 혹은 86,400초가 주어진다. 단지 책을 읽기 위한 시간을 배정하지 않을 뿐이다. "지금 바빠?" 직장 동료들은 나에게 전화할 때마다 가장 먼저 바쁘냐고 물어본 뒤 용건을 말한다. 나는 늘 "안 바빠, 시간 많아"라고 대답한다. 아무리 바빠도 바쁘지 않다. 나는 내가 가진 시간을 주도적으로 쓰고, 누구에게도 빼앗기지 않기 때문이다. 결국은 시간을 사용하는 우선순위를 어디에 두느냐에 달려 있다. 가장 간단한 시간 관리법은 자기가 사용한 시간을 기록해보는 것이다. 자신이 돈을 얼마나 쓰는지 알고 싶으면 가계부를 적고, 하루를 어떻게 쓰고 있는지 알고 싶으면 일정표를 작성하는 것처럼 일을 시작한 시간과 일이 끝난 시간을 메모해보자. 숫자는 나의 행동을 명확히 보여줄 것이다.

직장에서 간부가 되면 가장 먼저 하는 것이 목표를 표시한 연봉 계약서를 작성하는 것이다. 목표는 반드시 숫자로 나타난다. 측정할 수 있어야 관리되기 때문이다. 나는 아침마다 몸무게를 잰다. 체중계는 휴대폰으로 연결되어 즉시 저장되고 나는 변화를 확인한다. 몸무게를 관리하는 이유는 개선하기 위해서다. 살을 빼기 위해서다.

천 권의 책을 읽고 최근에 독서 습관으로 만들고 있는 것 중 하나는 글을 쓰기 시작한 시간과 다 쓴 시간을 기록하는 것이다. 살펴보니 짧으면 30분, 길면 90분 정도 자리를 옮기지 않고 카드를 작성했다. 시간을 기록한다는 사실을 인식하면서 쓰면 그냥 시간을 흘려보내지 않기 위해 집중하게 된다. 그리고 총 시간을 보면 내가 얼마나 몰입했는지 알 수 있으며, 일의 성과도 훨씬 좋아짐을 체감할 수 있다. 이와 마찬가지로 책을 읽기 시작하면 일단 독서가 시작된 시간을 기록해보길 권한다. 책 보면서 딴짓하지 않고 온전히 집중할 수 있는 몰입의 즐거움이 기다릴 것이다.

왜 일주일에 한 권인가?

내가 일주일에 책 한 권을 고집하는 이유가 있다. 하루나 이틀 만에 한 권의 책을 읽는 것은 책을 완전하게 읽었다고 하기에는 너무 짧은 시간이기 때문이다. 평균 200쪽 정도의 가벼운 자기계발서는 4시간 남짓이면 읽을 수 있다. 어려운 책을 잡은 경우, 이해할 수 없는 문장은 붙잡고 읽기보다는 흘려 읽는 것이 좋다. 맥락만 놓치지 않도록 주의를 기울이면 된다. 그다음으로는 나를 변화시키는 게 있는지 살펴봐야 한다. 내 생각이나 신념에 영

125

한 권을 세 번 읽는 것처럼
만드는 독서 루틴

향을 미치는 것이 있을 수도 있고 더 나아가 내 행동에 변화를 줄 만한 것이 있을 수도 있다. 넉넉하게 읽는 시간 5시간, 생각을 정리하는 시간 1시간, 독서카드를 적는 시간 2시간, 총 8시간은 온전하게 투자해야 한다. 만약 독후감을 쓰고 SNS에 올리는 시간까지 추가로 한다면 2시간은 더 소요된다. 일반 직장인의 경우 주중에 5시간, 주말에 5시간 정도의 시간이 필요하다. 일상생활 패턴에서 10시간을 오롯이 확보하려면 일주일의 시간이 필요하다.

만약 일주일이 아니라 2주 동안 혹은 2주 넘게 책을 읽는다고 가정해보자. 오랫동안 책을 잡고 있으면 일단 흥미와 집중도가 떨어지고 전에 읽었던 내용을 떠올려서 연결하는 데도 더 많은 시간이 든다. 자기계발서나 경영서라면 장마다 독립된 경우가 많아서 끊어 읽어도 무리가 없겠지만 소설이나 인문학책의 경우는 책 전체의 흐름이나 주제를 놓칠 수 있다.

다독가 중에는 여러 권의 책을 동시에 읽는 사람도 있다. 직장에, 집에, 가방에 한 권씩 두고 3권을 동시에 읽는 사람도 있었고, 집안에서도 거실, 화장실, 침실에 각각 한 권씩 두고 읽는 사람도 있었다. 초보자의 경우는 잘못하면 내용도 놓치고 재미도 잃게 되기 때문에 여러 권을 동시에 읽는 것은 권하지 않는다.

일주일에 한 권 루틴 기술

본격적으로 일주일 루틴은 어떻게 진행되는지 살펴보자. 먼저 일요일 저녁에 그 주에 읽은 책을 모두 정리한 후 다음 주에 읽을 책을 골라 가방에 넣어둔다. 새 책을 가방에 넣고 읽을 생각에 출근하는 월요일이 늘 즐겁다. 월요일부터 금요일까지 책을 가방에 넣고 다닌다. 퇴근 후 저녁 약속이 있으면 아침에 조금 일찍 출근해서 책을 읽기도 하고, 정말 읽고 싶은 책은 점심시간에 혼자 점심을 먹으면서 읽기도 한다. 집에 와서는 늦더라도 다시 책을 꺼내 몇 쪽이라도 읽는다.

이렇게 책과 함께 다니다 보면 늘 책에 대해 생각하게 된다. 책이 제시한 주제에 대해 이런저런 생각을 하면서 일주일을 보낸다. 독서에 대해 내가 가지고 있는 철학 중 하나는 책을 손에 잡고 읽는 시간보다 손에서 놓는 시간이 더 중요하다는 것이다. 《인간 불평등 기원론》이나 《불평등이 문제다》 같은 사회 불평등에 관한 책을 읽고 있을 때, 기차역에 가게 되면 그곳에 거주하는 노숙자들을 다른 시선으로 보게 된다. 《전쟁은 여자의 얼굴을 하지 않았다》, 《살아남은 아이》 같은 성평등과 인권에 관한 책을 읽는 시간이면 언론에서 보도되는 여성 문제나 아동 학대에 더욱 귀를 기울이게 된다. 세상을 통해 책을 해석하고, 책을 통해

한 권을 세 번 읽는 것처럼
만드는 독서 루틴

일주일 단위 프레임

월요일	화~토요일	일요일
책 선정 내용 상상	늘 지참하면서 내용 생각 본격적 책 읽기	마무리 독서 머릿속 내용 정리 독후 활동

'일주일에 한 권' 루틴을 위한 주간 로드맵

세상의 이치를 깨친다.

토요일, 늦어도 일요일 오전까지는 책 읽기를 끝낸다. 일요일 오후에는 책에서 내가 가져갈 것은 어떤 것이 있는지, 어떤 생각이나 행동의 변화를 내게 가져다줬는지 생각하면서 시간을 보낸다. 내 생각을 숙성시키는 시간이다. 일요일 저녁 식사 후, 9시쯤부터 책상에 앉아 독후활동을 시작한다. 빠르면 11시에 끝나지만, 시간이 더 걸리기도 한다. SNS에 올리는 것까지 마치면 책을 책장에 꽂고 다음 주에 읽을 책을 챙긴다.

일주일에 한 권 이상을 읽어야 한다는 독서 애호가도 있고 한 권까지 읽기에는 시간이 모자란다는 일반 독자도 있다. 나는 일주일 한 권 읽기가 가장 합리적인 독서량이라고 주장한다. 성급하게 하루에 한 권, 일주일에 여러 권을 읽으면서 몇 년간만 바짝 책을 읽고 서둘러 결과물을 얻으려고 하는 것보다는 긴 호흡으로 책을 대해야 한다. 독서는 평생 내 삶과 함께 가야 할 동반자다. 하루에 한 권씩 몇 년간 읽을 수 있지만 수십 년간 또는 평생을 그렇게 읽을 수는 없다. 책은 공기와 같다. 과호흡도, 무호흡도 안된다.

책 읽기를
편집하는 법

흔히 "책을 읽어도 왜 기억에 남지 않고 스르륵 사라질까?"라는 불만을 토로한다. 그래서 똑같은 책을 연달아 두세 번 읽는 사람이 있다. 그 정도는 읽어야 책의 내용이나 주제가 기억에 남는다고 한다. 나도 시간 간격을 두고 여러 번 읽는 책들이 있다. 하지만 연거푸 같은 책을 읽지는 않는다. '일주일에 한 권' 루틴 기술은 한 번 읽고도 책을 세 번 읽는 효과를 내기 때문이다. 일주일간 천천히 책을 읽으면서, 카드에 옮겨 쓰면서, 마지막으로 카드 박스에 꽂으며 다른 카드와 함께 읽으면서 이렇게 세 번이다.

딱 한 번 읽고도 세 번 읽은 것처럼

첫 번째 책 읽기는 말 그대로 독서다. 책은 가능하면 사서 읽는 것을 추천한다. 책 곳곳에 밑줄을 그을 수도 있고 모서리를 접을 수도 있다. 때로는 급하게 떠오르는 생각들을 여백에 적어두거나 책 뒷면에 메모할 수도 있다. 나는 독서를 시작할 때 가장 먼저 표제지(제목이 인쇄된 쪽) 왼쪽 위에 날짜를 적고 서명한다. 책을 다시 펼쳤을 때 언제 읽었는지, 몇 번 읽었는지 알기 위해서다. 책 대부분은 아내와 내가 함께 읽기 때문에 아내가 읽은 날짜와 구별하기 위해 나의 서명을 해둔다.

밑줄 긋기와 메모는 연필이나 샤프펜슬로 한다. 볼펜과 같이 액체가 묻어나오는 필기구를 사용하면 시간이 지나면서 번질 가능성이 있기 때문이다. 책을 만든 종이의 질에 따라 다를 수 있지만 조심하는 게 좋다. 나는 집에서는 항상 연필을 사용하고 외부에서는 샤프펜슬이 함께 부착된 볼펜을 지니고 다니면서 메모와 밑줄을 긋는다. 반면 책을 빌려서 읽는 독자라면 어떤 표시도 할 수 없다. 책에 표시하지 않고 깨끗하게 책을 보고 싶은 독자도 있다. 이럴 때는 포스트잇을 사용할 수 있다.

포스트잇으로 표시하는 방법은 책을 해체해 읽기에 좋다. 간단하게 방법을 소개하자면 다음과 같다. 먼저 책을 읽을 때 마음에 드는 구절과 핵심을 소개하는 내용이 나오면 포스트잇에 그대로 옮겨 적고 해당 쪽에 붙여놓는다. 책을 다 읽은 후에는 포스트잇을 떼어내 책상 위에 나열한다. 이렇게 책이 해체된다. 책을 해체한다는 것은 저자의 의도와는 별개로 나만의 방식으로 책의 내용을 이해하고 재구성한다는 의미다. 포스트잇만 찬찬히 두세 번 읽어보면 새로운 순서와 카테고리가 형성된다. 제일 쉬운 방법은 키워드 중심으로 재배치를 하는 것이다. 포스트잇 배열을 다시 하고 그 순서와 분류대로 생각을 정리한다.

김정운 교수는 편집^{Edit}에 학문-^{Ology}을 붙여서 편집학이라는 뜻을 가진 '에디톨로지^{Editology}'를 소개했다. 그리고 그의 저서 《에디톨로지》에 지식과 문화, 관점과 장소, 마음과 심리 이렇게 크게 세 부분으로 나누어 각각의 분야에서 편집의 의미를 살펴보고 어떤 방식으로 편집이 이루어지는지를 담았다. 저자는 자극에서 정보로, 지식으로 발전하는 과정을 알아본 다음 편집의 의미를 되새긴다. '해석학의 본질은 에디톨로지'라는 저자의 말에 수긍이 간다. 편집을 잘하기 위해서 독일 학생이 사용하는 카드 방식의 공부 방법을 익히는 것이 좋겠다고 생각했다. 이와 함께 나는 편집의 전제 조건인 '해체'에 대한 중요성을 인식했다.

두 번째 책 읽기는 독서카드(일명 GC카드)를 작성하면서 시작한다. 카드에는 기본적인 항목(제목, 지은이, 출판사, 읽은 날짜)을 기록하고 책에서 옮기고 싶고 간직하고 싶은 문장들을 적는다. 이어서 내가 책을 통해 얻은 지식과 정보를 나열한 다음 나에게 일어난 변화를 찾아낸다.

책을 읽고 난 뒤에 책의 앞, 뒤표지에 인쇄된 내용을 천천히 다시 읽으면 맥락을 이해하는 데 도움이 된다. 그 내용은 책을 가장 잘 표현한 선전 문구이기 때문이다. 저자의 서문을 한 번 더 읽어보는 것도 흥미롭다. 처음에 서문을 읽을 때는 이해할 수 없었던 내용이 눈에 들어오면서 저자와 눈높이를 맞추는 기회가 된다. 이제 밑줄 친 부분을 GC카드에 옮겨 적기 위해 책을 첫 장부터 다시 천천히 넘긴다.

책을 넘기면서 밑줄 친 내용을 옮기는 작업은 약간의 시간과 노력이 필요하다. 읽을 때는 감명 깊었지만 옮겨 적을 필요까지는 없다고 생각되는 문장도 발견하게 된다. 이른바 옥석을 가리는 작업이다. 밑줄을 그은 문장 중에서도 책의 내용을 핵심적으로 나타내거나 크게 나의 마음을 움직인 문장만 옮겨 적는다. 한때는 나의 글씨체가 마음에 들지 않아 워드를 이용해 출력해 카드에 붙여보기도 했다. 이 방법은 시간도 많이 소요되고 카드 부피가 지나치게 늘어나는 단점이 있었다. 그래서 가능하면 직접 펜으로 쓰기를 권한다. 시간도 절약할 수 있고 다음에 카드를 꺼내 볼 때 손글씨에서 전해지는 느낌이 좋기 때문이다. 나도 손으

한 권을 세 번 읽는 것처럼
만드는 독서 루틴

로 쓰고 있다.

세 번째 책 읽기는 작성한 GC카드를 다른 GC카드와 함께 읽는 것이다. 금방 읽은 책의 GC카드를 카드박스에 정리하면서 다른 카드를 다시 차례로 읽는다. 모든 책은 홀로 설 수 없다. 여러 개의 카드를 읽다 보면 각각의 책들이 서로 연결되어 있다는 것을 알 수 있다. 동일 주제나 분류에 속하는 GC카드들을 읽음으로써 이번에 읽은 책의 위치를 머릿속으로 가늠해본다. 책이 가진 맥락을 파악하는 데 아주 중요한 절차다. 이를 통해 통합적 사고도 기를 수 있다.

예를 들어보자. 나는 모니카 마론Monika Maron의 《슬픈 짐승》이라는 소설을 읽었다. 주인공은 '12시 30분만 되면 집으로 돌아가는' 프란츠를 사랑했으나 그는 주인공에게서 떠난다. 프란츠가 떠나고 40년 넘게 그가 없는 시간 동안 그와의 사랑을 기억하는 주인공의 이야기다. 독일 분단과 통일의 시간을 경험한 주인공은 '뒤늦게 찾아온 사랑'의 시간은 짧았지만, 모든 것을 그에게 쏟았었던 그 사랑 하나만으로 몇십 년을 살아가고 있다고 말한다. 이 책에서 반복적으로 등장하는 문장이 있어서 나는 GC카드에 기록했었다. '인생에서 놓쳐서는 안 되는 것은 사랑밖에 없다.' 이 책의 카드를 다 작성하고 카드박스에 꽂으면서 발견한 다른 카드는 막스 뮐러Max Müller가 쓴 《독일인의 사랑》이라는 책이다. 같은 독일인이지만 모니카 마론의 《슬픈 짐승》의 사랑과 다른 모습을 보여준다.

비교언어학자인 막스 뮐러가 쓴 《독일인의 사랑》은 확장된 사랑의 모습을 담았다. '사랑이란 만인의 심장을 타고 흐르는 대양 아닌가. 그래서 누구든 저마다 그것을 자신의 사랑이라 하지만 실은 온 인류에게 생명을 주는 맥박인 것이다.' 이 책의 GC카드에서 발견한 문장이다. 독일인의 사랑 외에도 프랑스인과 일본인의 사랑을 읽을 수 있는 책도 있다. 《정체성》에서는 프랑스적 농담 같은 사랑, 《설국》에서는 일본인의 차가움 속 은근한 사랑을 맛볼 수 있다. 위 네 장의 독서카드를 통해 사랑의 다양한 모습, 즉 지나간 사람을 추억하는 사랑, 인류애 같은 사랑, 이기적이면서 유희적인 사랑, 쓸쓸한 기다림의 사랑을 다시 책을 읽은 것처럼 느껴볼 수 있다. 사랑에 관해 나라별로 대표적인 소설 작품을 비교해보는 재미까지도 발견할 수 있다.

이 모든 일이 카드 몇 장으로 이루어진다. 《슬픈 짐승》을 읽고 사랑에 관해 생각해보기 위해서 독서 리스트에서 관련된 책을 고르고, 책꽂이에서 책을 다시 꺼낼 필요가 없다. 독서 기록장을 다시 뒤적여볼 필요도 없다.

또 다른 사례를 들어보자. 함민복의 《길들은 다 일가친척이다》를 읽고 독서카드를 작성한 뒤에 정리하다가 몇 카드 앞쪽에

《우리들의 하느님》을 발견했다. 한없이 낮게 흐르면서 서민의 삶을 어루만졌던 분들의 삶이다. 2권의 책이 담긴 카드 두 장을 다시 한번 천천히 읽다 보면 일가친척 같은 그들의 이야기가 한 꺼번에 내 가슴속으로 들어온다.

이렇게 책 읽기의 3단계를 거치면 일독해도 세 번 읽는 것과 같은 효과를 경험하게 된다. 한 번 읽고 나서 책장에 꽂아두면 결코 일어날 수 없는 일이다. 일주일 정도의 시간을 두고 천천히 읽고(한 번), GC카드에 옮겨 적으면서(두 번), 읽었던 카드를 뒤 적일 때(세 번) 읽게 된다. 이렇게 여러 번 읽게 되면 책이 가진 맥 락을 파악하는 독서, 다른 책들과 비교해보는 독서, 다른 책들과 함께 통합적으로 생각하는 독서가 될 수 있다. 이렇게 되어야 책 의 내용과 감상이 길게 기억에 남고, 기억에서 끄집어낼 수 있으 며 다른 사람에게 술술 이야기할 수 있는 기적을 일으킬 수 있다.

책을 내 것으로 만드는 세 가지 독후활동

한 주가 끝나는 일요일 저녁은 내게 특별한 시간이다. 책상에 앉을 때는 '한 주 동안 읽은 책을 내가 잘 정리할 수 있을까' 하는 걱정이 마음 한구석에 자리를 잡기 시작한다. GC카드와 독서 노트, 독후감까지 모두 정리하기 위해 짧게는 2시간, 길게는 3시간 정도 생각하기와 글쓰기의 시간을 가진다. 눈으로 다시 책을 훑어보고, 손으로 카드를 적고, 뇌로 신경 세포를 연결하는 작업을 하고 잠자리에 든다. 독후활동을 하기 전, 소심함과 염려가 있었던 자리에 뿌듯함과 만족감이 대신한다. 새로운 일주일을 시작하는 기다림이 나를 깊은 잠으로 이끈다.

한 권을 세 번 읽는 것처럼
만드는 독서 루틴

문장 발췌와 독후감, 그리고 GC카드

나는 완벽하게 책을 내 것으로 만들기 위해 일요일 저녁에 GC 카드를 쓰기 전에 세 가지 독후활동을 한다. 가장 먼저 하는 일은 독서 노트에 문장을 발췌하는 것이다. 발췌하기 전에 책의 앞 표지와 뒤표지에 적힌 도서 설명을 유심히 읽어본다. 출판사와 저자가 가장 공들여 선택했을 어휘와 문장이다. 책을 가장 잘 설명하면서 독자들에게 구매를 유발하는 언어를 살펴보는 것은 책을 파악하는 데 큰 도움이 된다. 본격적으로 첫 장부터 넘기면서 내가 밑줄 친 내용을 독서 노트에 옮겨 적는다. 나중에 찾아볼 수 있도록 쪽수도 표시한다. 읽을 때는 느낌이 좋았지만, 막상 옮겨 적기에는 중요성이 덜하다 싶은 문장은 과감하게 뛰어넘는다. 짧게는 5개 내외의 문장을 옮겨 적을 때도 있지만 마음에 드는 문장이 많을 때는 발췌 문장을 쓴 페이지만 다섯 장을 넘길 때도 있다. 최근에 읽은 책 중에서는 《자유론》, 《수용소군도》, 《네트워크의 부》 같은 책이 그렇다. 두 번째 읽는 《예루살렘의 아이히만》은 다시 한번 새겨두고 싶은 문장을 옮겨 쓴 분량이 열 장에 이른다.

다음으로는 독후감을 쓸 차례다. 내가 쓰는 독후감 구조는 세 부분으로 나뉜다. 먼저 도입 부분은 가장 인상 깊었던 문장으로 시작한다. 책의 핵심적인 내용을 담은 인용문을 배치하고 간단하게 설명한다.

그 다음에 책 내용을 간략하게 설명한다. 독후감에서 빠질 수 없는 부분이다. 독자들에게 이 책은 무슨 의도로 쓰였으며 어떤 내용으로 구성되어 있는지 알려준다. 저자 본인이 책을 설명한 내용도 뽑아낸다. 잘 찾아보면 책 속의 프롤로그나 에필로그에서 '이 책을 쓴 이유는'으로 시작하는 문장을 만날 수 있다. 또는 본문 중에 저자가 강조하고 싶은 내용을 두세 번 언급하면서 책을 쓴 목적을 밝힐 때가 있다. 이때 목차를 한번 살펴보는 것도 좋다. 이렇게 책 전체 내용을 파악하는 것은 매우 중요하다. 책에 관해서 이야기하려면 적어도 이 책은 '어떤 내용을 담고 있다'라고 정확하게 자신의 언어로 표현해야 하기 때문이다.

핵심은 책 겉표지나 도서를 소개하는 기사를 그대로 인용하는 것이 아니라 자신의 언어와 생각으로 책의 뼈대를 추려내야 한다는 것이다. 자신만의 생각은 어디에 있는가? 바로 금방 옮겨 쓴 독서 노트를 보면 알 수 있다. 독서 노트에는 책의 저자가 쓴 수백 개의 문장 중에서 나의 관점으로 선택한 문장을 내가 옮겨 놓은 글이 있다. 옮긴 문장 중에 키워드만 뽑아내어서 새로운 문장으로 편집하면 나의 관점이 반영된 서평이 탄생한다.

나는 이런 연습을 천 권 이상의 독서 활동을 하면서 반복했다.

한 권을 세 번 읽는 것처럼
만드는 독서 루틴

처음에는 문장을 옮겨 쓰기도 쉽지 않았다. 그래서 몇 문장만 옮겨 쓰고 끝낸 적도 많았다. 시간이 지날수록 독서 노트에서 옮겨 쓰는 글보다는 느낌을 적는 글의 양이 많아졌다. 이런 훈련 덕분에 이제는 어떤 책을 내게 줘도 요약할 수 있다는 자신감이 생겼다. 이러한 자신감은 업무와 관련된 보고서나 학술지, 논문 등을 기피하지 않고 적극적으로 찾아보는 행동으로 이어졌다. 아무리 어려운 논문이라도 핵심을 뽑아서 보고서로 정리할 수 있게 되었다.

이제 마지막 부분이다. 책의 내용을 간추리고 나면 가장 힘들면서 보람이 있는 나만의 느낌을 적는 시간이다. 내가 책을 통해서 얻은 것을 기반으로 내가 변화된 것이 무엇인지 스스로 알아보는 것이다. 책을 읽는 동안 어떤 생각이 떠올랐는가?

앞에서는 책의 목차와 옮겨 쓴 문장에서 단어를 골라 이렇게 저렇게 편집해볼 수 있지만, 이 단계에서는 순전하게 나만의 생각과 문장을 만들어야 한다. 시간이 가장 많이 필요한 과정이다. 생각에 생각을 거듭하다 보면 답은 반드시 나온다. 어떤 책이든지 나에게서 흔적 없이 사라질 수는 없기 때문이다. 그 흔적을 문장으로 표현한다고 생각하면 된다.

독후활동을 끝내고 GC카드를 적을 차례다. 나의 경우 카드는 독서 노트에 적힌 내용을 조금 더 요약해 옮겨 적는다. 카드에 옮겨 적으면서 나는 책 내용을 한 번 더 곱씹어볼 기회를 얻는다. 만일 독서 노트를 작성하지 않거나 독서 노트를 작성하기가 힘든 초보자라면 앞 세 가지 독후활동을 바로 카드에 기록하면 된다. 다 적은 카드를 카드박스에 꽂을 때는 앞뒤 도서의 카드를 한번 훑어보면서 이번 주에 읽은 책을 적당한 위치에 배치해보는 것도 책 전체 내용을 기억하는 데 도움이 된다.

세 가지 독후활동 중 한 가지를 고른다면

이제 막 본격적으로 독후활동을 시작한 독자라면 앞에서 소개한 내용을 모두 따라 하는 것은 쉽지 않다. 발췌하는 것도 밑줄 친 문장이 많다면 고르기 힘들 것이다. 실제로 문장을 옮겨 쓰는 일에 많은 시간이 필요하다. 감상문을 적는 일은 더욱 쉽지 않다. 자기만의 문장을 쓰는 것은 훈련이 필요하다. 그러나 독서카드는 쉽게 접근할 수 있으며 종합적으로 책을 이해할 수 있는 방법이다. 순서대로 책 속의 문장을 서너 개 옮겨 쓰고Copy, 책 내용을 요약해 적고Contents, 책으로부터 알게 된 것Gain을 서술한 다음 변화Change로 마무리하면 충분하다. 지금 바로 실천해보자.

한 권을 세 번 읽는 것처럼
만드는 독서 루틴

SNS에 독후감을 올릴 것

독서카드까지 쓰고 나면 SNS 활동을 한다. 페이스북에서 활동하는 독서 커뮤니티에 책 사진과 독후감을 올리고, 내 계정에도 게시한다. 페이스북에 글을 올리면서 한 번 더 내용을 고친다. 제대로 된 표현인지, 단어를 잘못 선택하지는 않았는지. 마지막으로 페이스북에 올린 내용을 그대로 복사해 나의 블로그에 저장한다.

SNS 활동을 하는 것은 두 가지 이유 때문이다. 하나는 내가 읽은 책을 소개하고픈 마음과 함께 피드백을 받고 싶어서다. 책에 대한 내 생각과 느낌과는 다른 의견을 듣고 싶은 것이다. 그다음 이유도 중요하다. 남에게 보이기 위한 글을 쓰면 퇴고를 여러 번 하기 때문이다. 글 자체의 완성도를 높이는 노력을 하고 나만의 논리에 빠져드는 걸 조심하게 된다. 누구나 타인으로부터 '인정받고 싶은 욕망'이 있다. 나도 마찬가지다. 누군가 나의 글을 잘 읽었다는 표현을 해줬을 때 글을 쓴 보람을 느낀다. 좋은 책을 많은 사람에게 소개했다는 기쁨도 있다.

일주일을 마무리하는 의식을 정리해보았다. 내게는 책과 함께 보낸 일요일 저녁이 소중한 시간이다. 한 주 동안 읽은 책을 독서 노트에 정리하면서 나만의 문장을 만든다. 보고 싶을 때 언제

단계별 정리

초급(시작) 단계	중급 단계	고급 단계
밑줄 긋기 & 문장 옮겨 쓰기	초급 + 문장 간 연결고리 찾기 & 간단한 메모	초급 + 중급 + 독후감 쓰기

독서력에 따른 독후감 작성 방법

든지 볼 수 있도록 GC카드에 옮겨 적는다. SNS 친구들에게 내가 읽은 책들의 느낌을 공유하면서 일주일을 마무리한다. 일주일을 잘 보냈다고 스스로 격려하면서 침대로 들어간다. 그리고 나는 언제나 즐거운 마음으로 월요일 아침을 기다린다. 덕분에 월요병은 없다.

독자들도 일주일 루틴을 만들어 보기를 권한다. 일주일 중 하루, 어느 특정한 시간대, 조용히 머물 수 있는 공간을 정해서 일주일 동안 자신과 함께했던 책과 마주하기를 바란다. 독서카드를 준비하고 대화를 시작하다 보면 처음에는 어색하겠지만 곧 말문이 트일 것이다. 많은 이야기를 할 필요는 없다. 우선 습관을 만들겠다는 생각으로 시작하자.

한 권을 세 번 읽는 것처럼
만드는 독서 루틴

《책은 도끼다》*

박웅현 지음, 북하우스, 2011년

① 책에서 가장 인상 깊었으며 핵심이 되는 문장을 발췌해서 주
목을 끔.

우리가 읽는 책이 우리 머리를 주먹으로 한 대 쳐서 우리를 잠에
서 깨우지 않는다면, 도대체 왜 우리가 그 책을 읽는 거지? 책이
란 무릇, 우리 안에 있는 꽁꽁 얼어버린 바다를 깨뜨려버리는 도
끼가 아니면 안 되는 거야.   – 프란츠 카프카

• 현재 이 책은 절판된 후, 같은 제목으로 2023년 개정되었다. 독후감은 2011년에
  출간된 도서를 읽고 작성되었다.

② 저자가 왜 이 책을 쓰게 되었는지 소개함. 독후감을 읽는 독
   자가 책의 내용을 파악할 수 있도록 도움을 줌.

'나이는 숫자에 불과하다', '생각이 에너지다', '사람을 향합니다',
'진심이 짓는다', '혁신을 혁신하다' 등의 광고 문구로 유명한 박
웅현 작가의 책이다. 저자는 이 책을 통해 '내가 읽은 책들은 나
의 도끼였다'고 고백한다. 《책은 도끼다》라는 책 제목은 카프카
의 말에서 힌트를 얻은 것으로 보인다. 저자는 서문에서 이 책을
펴낸 이유로 자신이 받은 울림을 많은 이에게 공유하고 싶어서
라고 밝히고 있다.

   이 책은 저자가 '책 들여다보기'라는 주제로 2011년 2월부터
6월까지 진행한 인문학 강독회 내용을 정리한 책이다. 김훈, 알
랭 드 보통Alain de Botton, 김화영, 알베르 까뮈Albert Camus, 밀란 쿤
데라Milan Kundera, 니코스 카잔차키스, 레프 톨스토이Leo Tolstoy의
작품을 깊이 들여다본다.

   저자는 그중에서 《그리스인 조르바》, 《참을 수 없는 존재의
가벼움》, 《안나 카레니나》 작품을 완전히 풀어헤쳐서 많은 부분
을 그대로 인용하면서 일상생활 속의 비유를 들어 설명한다. 《그
리스인 조르바》, 《참을 수 없는 존재의 가벼움》은 나도 두 번 이
상 읽어본 작품이라서 많은 부분을 공감했다. 더불어, 저자의 감

한 권을 세 번 읽는 것처럼
만드는 독서 루틴

각적이면서 분석적인 안내에 이끌려 새로운 시각으로 작품을 감
상할 수 있었다.

③ 나의 관점에서 책을 해체하고 다시 편집. 내가 책에서 얻은
   것을 정확하게 찾아냄.

나는 이 책을 읽는 동안, 2011년 발행되어 오랫동안 꾸준히 독
자들에게 사랑을 받는 이유를 찾아보려고 했다. 가장 먼저 대화
체로 독자들에게 친근하게 다가갔다는 점이 눈에 띄었고, 그다
음으로는 독자들에게 다독의 부담을 덜어줬다는 점이다. 일반적
으로 '책을 이야기하는 책'에서는 많은 책을 소개하고 싶은 저자
의 과도한 의욕으로 보통 수십 권의 책이 지면으로 쏟아진다. 이
에 반해 저자는 깊이 있는 책 몇 권을 집중적으로 분석하고 나머
지는 간단하게 소개했다.

　마지막 이유는 내가 가장 중요하게 여기는 포인트다. 바로 '책
은 도끼다'라는 책 제목이다. 광고 전문가의 통찰력이 발휘된 부
분이다. 저자는 머리를 후려치는 벼락 같은 제목을 내세우면서
제목에 끌려 책을 구매한 독자들을 잠에서 깨우고 독자의 얼어
붙은 감수성을 깨뜨린다.

④ 최종적으로 내게 어떤 변화가 있었는지 메타인지 관점에서 들여다봄.

책에 대한 저자의 접근 방식과 해석이 전략적이면서 명쾌하다. 부럽다. 나는 긴 세월 책을 읽고 느낌을 기록해왔지만 '책은 이것이다'라고 정의하지 못하고 있다. 어떤 이유로 책을 읽어야 하는지 나에게 설명할 수 있지만 타인을 설득하지 못한다. 공부가 덜 되었다.

책을 덮고 나서,
독후활동의 중요성

독후활동의 중요성을 말하기 전에 먼저 글쓰기에 관한 이야기를 해야겠다. 말하기와 글쓰기의 주요한 차이 중 하나는 '생각하기'에 있다. 대화가 끝난 뒤에 '생각 좀 하고 말할걸!' 하고 후회될 때가 있는가? 나도 생각 없이 즉흥적으로 입에서 나오는 대로 내뱉는 경우가 많다. 글은 다르다. 하나의 단어, 하나의 문장을 쓰더라도 생각해야 한다. 글쓰기는 생각하기의 중요한 수단이다. 글을 쓰지 않으면 자기 자신을 만날 수 없고, 자신과 대화하지 못한다. 자신과 대화하고 성찰하기 위한 글쓰기는 자신의 관점과 의견을 일으켜 세우는 최적의 방법이다.

글쓰기의 중요성에도 불구하고 우리는 자주 쓰지 않는다. 그러나 독서를 하게 되면 이야기는 달라진다. 오늘 내가 읽고 있는 책은 내게 새로운 지식을 전해주고 나에게 생각이나 행동의 변화를 요구한다. 책이 하는 이야기에 내가 반응하는 것이 독후활동이다. 책 제목과 지은이를 적고 책을 읽은 날짜를 기록하는 것부터 내 생각은 반영된다. 나의 글쓰기가 시작되는 것이다.

독후활동은 어떻게 하는 것이 좋을까?

독후활동에는 크게 세 가지 방법이 있다. 나 혼자 생각 키우기, 사람들과 토론하며 함께 생각 키우기, 사이버공간에서 생각 키우기다.

'나 혼자 생각 키우기'는 처음 시작하는 사람이 반드시 거쳐야 할 단계다. 혼자 생각을 키우지 않고 주위 사람과 토론하거나 SNS를 활용한 독서 소통을 하기는 쉽지도 않을뿐더러 자칫하면 실수할 가능성이 높다. 혼자 생각 키우기는 3단계로 나눌 수 있는데, 1단계는 책 제목과 지은이, 출판사, 읽은 날짜를 기록할 수 있는 노트나 카드에 옮기는 것이다. 이것이 시작이다. 처음부터 독후감을 적으려고 머리를 싸맨다면 두 번째 책부터는 정신적

한 권을 세 번 읽는 것처럼
만드는 독서 루틴

부담으로 책 자체를 멀리할 수도 있기 때문이다.

1단계가 익숙해지고 읽은 책의 숫자가 늘기 시작하면 이제 밑줄 친 내용을 노트에 옮겨적는 2단계로 넘어갈 수 있다. 처음부터 많은 내용을 적을 필요는 없다. 많이 옮겨 적는다고 해서 좋은 것도 아니다. 밑줄 친다는 것 자체가 책을 나의 관점대로 보기 시작했다는 것이니까. 내 생각과 일치하는 부분 또는 내가 생각하지도 못했던 전혀 다른 의견이지만 강력한 인상을 남기는 문장에 줄을 친다는 건 주체적인 읽기 시스템이 가동 중이라는 뜻이다.

3단계는 옮긴 말들을 이리저리 편집해 간단한 내 느낌을 적는 것이다. 독후감 쓰기로 들어가는 문이라 할 수 있다. 처음에는 한두 문장만 써보자. 저자의 생각에 동의하는 부분을 중심으로 쓰다가 나중에는 내 생각과 일치하지 않는 부분들도 찾아내서 기록해본다.

마지막 스텝은 앞의 과정을 모두 합쳐서 문장으로 한 편의 독후감을 써보는 것이다. 책의 내용을 정리하면서 내가 알게 된 정보와 지식을 간추리는 일, 내 생각과 행동에 변화를 가져오게 된 것을 정리하는 일, 이러한 내용을 문장으로 일정한 흐름을 유지하면서 A4 한두 장의 분량으로 적는 것이 마지막 단계다. 이 단계까지 진행하기 위해서 적어도 1년 정도는 소요될 것이다. 물론 어느 정도 독서력이 쌓여있는 사람은 더 빨리 도달할 수 있다.

다음으로 '함께 생각 키우기'가 있다. 어느 정도 자신만의 독서법을 익히고 혼자 생각하기가 습관화되면 커뮤니티 활동을 권한다. 가장 좋은 방법은 직장 내 동아리 활동을 하는 것이지만 요즘은 동네 도서관을 중심으로 독서 커뮤니티를 운영하는 곳도 있으니 여기를 이용하는 것도 좋겠다. 나는 20년 넘게 직장 독서 클럽 활동을 하는 동안 배우는 것이 많았다. 같은 책을 읽고도 전혀 다른 생각을 이야기해주는 회원에게서 많이 배운다. '나 혼자 생각 키우기'를 통해서 어느 정도 생각을 키웠다면 이런 자리를 통해 제 생각을 소신 있게 밝히고 피드백을 받는 것도 생각 키우기의 좋은 방법이다.

글을 쓰는 것과 말하는 것은 다르다. 말하기 행위는 퇴고가 없으므로 말하기 전에 어떤 말을, 어떤 순서대로 할 것이며, 마지막은 어떻게 마무리하겠다고 끊임없이 생각해야 한다. 함께 생각을 키우기 위해서는 나의 말속에 다른 회원들의 생각에 대한 동의나 지지, 반론이 포함되어야 제대로 된 독서토론이 될 수 있다. 가끔 자신의 주장만 줄기차게 하는 사람도 있다. 독서 커뮤니티 활동의 목적은 함께 생각을 키우는 것이다.

마지막 방법은 '사이버공간에서 생각 키우기'다. 소위 비대면으로 독후활동을 하는 것이다. 나의 글과 생각을 블로그나 SNS

에 공개하고 타인의 의견과 반응을 보고 더 좋은 생각, 새로운 아이디어를 모색하는 방법이다. 앞의 두 가지 방법과는 차원이 다르다. 사이버공간에 공개되는 글은 훨씬 신중하게 접근해야 한다. 사용하는 단어를 주의 깊게 고르고 문장을 만들어야 한다. 불특정 다수가 나의 글을 볼 수 있고 한 번 올린 글은 나의 의도 와는 상관없이 퍼져나갈 수도 있기 때문이다. 내가 나의 글을 삭 제한다고 해서 완전히 사라졌다고 장담할 수 없다. 서로 좋은 말 을 해주는 댓글은 상관없지만, 비판이 잘못된 방향으로 번지기 시작하면 상호 비난으로 끝날 수도 있다.

독후활동 없는 독서는 시간 낭비가 될 수 있다

앞의 글에서 독후활동의 중요성을 이야기하기 위해 '글쓰기'라 는 화두를 던졌다. 나는 다른 측면에서 독후활동이 왜 꼭 필요한 가에 대해 이야기하고자 한다. 독후활동은 '독서 후 활동'이라는 뜻이지만 나는 가장 선행해야 하는 활동이라고 생각한다. 독후 활동을 제대로 익히지 못한 상태의 독서는 재미없고 삶에 도움 이 안 되는 '헛발질'에 불과하기 때문이다. 책을 읽지 않는 이유 중 하나는 독서를 단지 '시간 보내기'로 인식하기 때문이다.

독후활동을 통해 '앎', 즉 지식과 지혜를 확장해 내 생각과 행동에 변화가 일어남을 경험하게 된다면 옆에서 아무리 뜯어말려도 책과 함께 인생을 보낼 것이다. '아는 것'을 쌓아 간다면 충분히 행동으로 옮길 수 있다. 성리학자 이천伊川은 '앎이 깊으면 행동은 반드시 지극해진다. 앎이 있는데도 행하지 못하는 사람은 없다. 알지만 행할 수 없는 경우는 그 앎이 천박하기 때문이다. 굶주려도 부자附子[•]는 먹지 않으며 물과 불은 밟지 않는 것도 바로 앎이니, 사람이 악을 행하는 것은 오직 알지 못하기 때문이다'^{••}라고 했다.

독서 프로그램 참여에 대한 놀라운 조사가 있다. 〈2021년 국민 독서실태 조사〉에 따르면 2020년 9월부터 2021년 8월까지 1년간 독후활동, 즉 독후감 쓰기, 독서토론, 저자 강연회 등의 '독서 프로그램에 참여한 경험이 있다'라는 성인은 전체의 1.7%에 불과했다. 독서량이 많은 성인일수록 참여율이 높았다. 초·중·고 학생들의 경우는 성인과는 완전히 달랐다. 학생들의 독서 프로그램 참여율은 59.3%로 나타났다. 이중 초등학생은 66.2%, 중학생은 53.3%, 고등학생은 55.3%로 비교적 어린 초등학생들의 참여율이 가장 높았다.

• 바꽃의 어린뿌리. 열이 많으며 맛은 맵고 독성이 강한 약.
•• 펑유란 지음, 박성규 옮김, 《중국철학사》, 까치(까치글방), 1999년.

한 권을 세 번 읽는 것처럼
만드는 독서 루틴

이러한 조사 결과는 성인들의 독서 프로그램 참여도가 왜 낮은지 궁금증을 불러일으킨다. 독서행사, 독후활동, 독서교육, 독서캠페인, 독서 치유 등 다양한 프로그램을 제공하지 못한 정부나 지자체, 공공기관에 일정 부분 책임이 있다고 생각한다. 공공에서는 제대로 된 프로그램을 제시하지 못하고 그 결과 국민 독서율을 떨어뜨리며 다시 참여 프로그램을 만들지 않는 악순환이 반복되는 것이다. 내가 주장하는 것은 책을 읽는 독자라면 반드시 독후활동을 해봐야 한다는 것이다. 그렇게 시작해야 좋은 독서 프로그램을 만날 수 있고 자신의 독서 의욕을 높이는 계기를 만들 수 있다. 물길을 바꿔 선순환으로 만들어야 한다.

책을 가까이하는 것이 힘들다면 나의 독후활동 시스템에 대해 점검해봐야 할 것이다. 내가 이 책에서 제시하는 방법은 20년

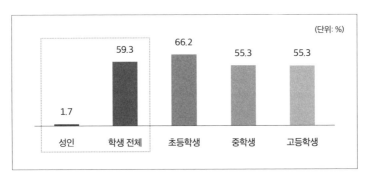

독서 활동 참여율

간의 독후활동 경험을 집약한 것이지만 시작하다 보면 자신에게 맞는 독특한 방법을 찾을 수도 있다. 자신에게 맞는 독후활동이 다시 왕성한 독서 활동으로 연결되는 경험을 할 수 있다.

한 권을 세 번 읽는 것처럼
만드는 독서 루틴

5장
_____

꼬리에
꼬리를 무는
독서 기술

마음에 드는 책 속의 책을 찾아 읽는다

앞에서 두 가지 독서법을 소개했다. 하나는 'GC카드로 완성하는 게인 체인지 독서법'이었고 다른 하나는 '한 번 읽어도 세 번 읽는 것처럼 만드는 독서 루틴'이었다. 이제 마지막으로 소개할 방법은 연결독서법이다. 책 속에서 책을 찾아 읽는 연결독서법은 실제로는 가장 먼저 소개되어야 할 부분이다. 독서를 습관으로 만들기 위한 첫 단추는 어떤 책을 선택해 읽느냐에 달렸기 때문이다. 책을 선택하는 방법은 두 가지 방향으로 나눌 수 있다. 우선 한 방향은 내가 관심이 있는 분야의 책을 읽는 것이고 그 다음은 나를 성장시켜 줄 책을 읽는 것이다.

꼬리에 꼬리를 무는
독서 기술

앞서 이야기했지만 내가 흥미를 느낄 만한 책을 먼저 손에 잡고 점점 더 관심을 넓히며 나를 성장시킬 수 있는 다양한 책을 읽어나가는 것이 좋다. 그렇게 하다 보면 자연스럽게 다양하면서 깊은 독서 습관이 형성된다.

이제 구체적으로 책 속에서 책을 어떻게 찾아 읽었는지 살펴보자. 내가 책 속의 책을 찾아 읽는 방법은 크게 세 가지다. 먼저 읽고 있는 책의 저자가 다른 책을 소개해주는 것이다. '한 지식인의 삶과 사상'이라는 부제가 붙은 리영희 선생님의 《대화》에서 《찰리 채플린, 나의 자서전》이라는 책을 소개받았다. 리영희 선생님의 책은 학교에서 배웠던, 내가 상식이라고 알고 있던 역사적 사건을 다른 관점으로 보게 해줬다. 불편하지만 신선한 충격이었다. 찰리 채플린의 자서전은 내가 읽은 평전 중 최고로 꼽는다. 그의 삶의 길을 따라 함께 걷는 동안 그가 한 말, 그의 작품을 하나씩 새겨 담았다. 삶의 의미를 유머에 담아 풀어내는 희극인이었지만 채플린은 철학자이자 사업가, 예술가였다. 책을 읽는 동안 삶의 지혜를 주제로 개인 지도를 받는 느낌이었다. 2권 모두 700쪽이 넘는 두꺼운 책이지만 아껴 먹고 싶은 디저트처럼 페이지를 넘기기가 아쉬웠다. 하나의 주제가 다른 주제와 연결되면서 범위를 넓히기도 했다. 《조건 없이 기본소득》(절판)에서 시작한 '가난'에 대한 관심은 《인간 불평등 기원론》으로 이어지고《21세기 자본》,《불평등을 넘어》로 결론 맺었다. 내가 읽은 책의 반 이상은 책으로부터 소개받은 책이다.

다음으로는 특정 분야의 대가의 책을 찾아 읽는 것이다. 책을 읽다 보면 어떤 주제에 대해 반복적으로 등장하는 유명한 인물을 발견하게 된다. 그 사람의 대표 서적을 찾아서 읽는 방법이다. 예를 들어보자. '집단적 악행의 원인이 무엇인가, 그 속에서 개인의 행동은 어떻게 설명되는가' 하는 문제에서는 정치사상가인 한나 아렌트Hannah Arendt가 늘 언급된다. 그녀가 저술한《예루살렘의 아이히만》을 읽지 않을 수 없다. 비트겐슈타인은 철학 분야에서 언어 문제를 설명할 때면 빠지지 않고 등장하는 언어학자다. 철학책 몇 권을 읽다가 반복적으로 등장하는 비트겐슈타인을 접하고《비트겐슈타인 평전》을 찾아 읽었다. '나의 언어의 한계는 나의 세계의 한계다'라는 문장은 나의 읽기와 글쓰기를 독촉하고 독려하는 말이다.

에른스트 슈마허Ernst Schumacher도 있다. 대표작인《작은 것이 아름답다》는 지금도 이 분야에서 고전으로 손꼽힌다. 슈마허는 우리 세계가 유한한 자연환경을 가진 '닫힌 세계a closed society'라고 하면서 무한한 성장을 추구하는 물질주의, 거대주의를 거부한다. 생태주의 책에 항상 등장하는 슈마허의 '적정기술' 또는 '중간기술'을 이해하지 않고는 비슷한 종류의 책을 읽을 수 없다.

꼬리에 꼬리를 무는
독서 기술

'적정기술'은 거대 기술, 대량 생산에 반해 인간의 얼굴을 한 기술로써 '현재 살고 있는 곳에서, 저렴한 건설비용으로, 단순한 생산시설을 이용하는 기술'을 말한다. 예를 들면 아프리카의 물 부족을 해결하기 위해 거대한 담수화 플랜트를 건설하는 것보다는 소규모 정수기 역할을 하는 '라이프-스트로우'와 같은 작은 기기를 개발해 보급하자는 것이다.

마지막으로 소개하는 방법은 저자들로부터 한꺼번에 왕창 책 소개를 받는 것이다. 사회적으로 유명하고 평판이 좋은 저자들이 자신들의 애독 리스트를 대량 방출할 때가 있다. 주로 책을 소개하는 책에서 저자가 읽었던 좋은 책을 자기만의 감상을 얹어 소개한다.《문학의 숲을 거닐다》,《내 인생을 바꾼 한 권의 책》,《김영란의 책 읽기의 쓸모》,《행복한 책읽기》를 읽다 보면 우르르 쏟아지는 행복감에 빠져든다.

같은 주제를 이야기하는 책들을 묶어 읽는다

책을 읽다 보니 생각은 홀로 설 수 없다는 것을 나는 깊이 깨달았다. 천 권이 넘는 그동안의 독서 목록을 천천히 읽어나가면 주제가 뚜렷이 돋아난 책들은 반드시 위, 아래로 유사한 책이 있다. 이렇게 연결된 책들을 한 번에 묶어서 읽다 보면 책과 책을 비교하게 되고 책 사이의 관계를 분석하면서 새로운 생각이 일어나는 것이다.

뇌과학 분야의 세계적 권위자인 승현준 교수가 쓴 《커넥톰, 뇌의 지도》라는 책을 읽고 나는 연결 독서와 묶어 읽기에 관한 생각을 정리하게 되었다. 커넥톰Connectome이라는 단어는 연결Connect과 총합-ome이라는 두 단어가 결합되어 탄생한 단어로, 뇌 속에서 뉴런과 시냅스에 의해 정보가 전달되는 과정 전체를 가리키는 말이다. 저자는 그동안 진행된 다른 과학자의 연구 결과와 자신이 진행 중인 시각 분야의 '연결지도 프로젝트'를 일반 대중이 이해할 수 있도록 소개하고 있다.

연결해 묶어 읽는다

우리는 정보와 지식은 그대로 암기하면 되는 것으로 알고 있지만, 그 모든 것은 연결되어야만 획득될 수 있다. 연결이 필수 조건이다. 이 책을 읽고 난 후 나는 의식적으로 책 하나를 다른 책으로 연결하고 모으는 글쓰기를 시도했다. 책을 통해서 지식과 지혜, 통찰력을 얻고자 한다면 연결하지 않고는 불가능하다. 최근에는 책과 영화, 책과 드라마 연결도 시도하고 있다.

예를 들자면 나는 김영하의 《여행의 이유》에서 인간이 여행을 꿈꾸는 이유에 대한 글을 보고 자극받았다. 이 책과 함께 가볍게 읽을 수 있는 책으로는 문요한의 《여행하는 인간》이 있다. 반면 여행에 좀 더 의미를 부여한 책으로 알랭 드 보통의 《여행의 기술》이 있다. 나는 《여행의 기술》에서 러스킨을 안내자로 등장시켜, 여행하면서 스케치를 하라고 권한 부분과 아름다움에 대한 우리의 인상을 굳히려면 글을 써야 한다는 대목이 인상 깊었다. 여행과 관련된 제법 무거운 책으로는 로버트 피어시그^{Robert} Pirsig의《선禪과 모터사이클 관리술》을 고를 수 있다. 이 책의 부제는 '가치에 대한 탐구'로, 한때 정신병원에 수용되었던 저자가 아들과 모터사이클 여행을 하면서 과거의 자신을 찾아가는 이야기다. 아래는 여행에 관한 책들을 연결하고 모아서 읽은 후 내가 남긴 독후감의 마지막 문단이다.

여행의 이유를 알지 못해서 우리가 여행하지 않는 것은 아니다. 여행을 할 수 없는 핑계는 10개가 넘지만 낯선 곳에 자신을 두어야만 하는 이유는 찾아내기가 쉽지 않다. 더군다나 여행을 떠나는 순간 집으로 돌아오는 여정이 시작되는 것을 생각하면 그렇게 설렐 것도 없다. 결론적으로 나는 '여행'이라는 행위보다는 단어 그 자체에 매료된다. '여행'이라는 활자를 눈으로 맞이하며 천천히 입 밖으로 '여행'을 내뱉는 순간, 살짝 열린 입술 사이로 새로운 세상이 열리고 낯선 곳에서의 삶이 펼쳐진다.
2019년 8월 9일

꼬리에 꼬리를 무는
독서 기술

이렇게 '여행'이라는 주제와 연결된 몇 권의 책을 모아서 내 나름대로 여행의 의미를 정의하고 해석할 수 있었다. 누군가와 여행을 주제로 대화한다면 김영하, 문요한, 알랭 드 보통, 러스킨을 언급할 수 있을 것이다. 내가 경험한 여행 이야기만 들려주는 것보다는 대화가 훨씬 더 풍요로워질 것이다.

연결해 읽으며 답을 구한다

불과 40여 년 전에 부산의 한 복지 법인에서 차마 입에 올리지도 못할 사건이 몇 년간 벌어졌다. 부산의 형제복지원 사건으로, 1975~1987년까지 부산의 특정 장소에서 불법 감금과 강제 노역, 구타, 암매장이 자행됐다. 1987년에 탈출자에 의해 세상에 알려졌으나, 가해자인 법인 이사장은 가벼운 죄만 인정되어 벌을 받았다. 나는 직장 동료가 권해준 형제복지원 피해생존자 구술기록집인 《숫자가 된 사람들》과 《살아남은 아이》를 읽었다. 나는 이 책의 제목을 보는 순간, 읽기가 쉽지 않겠다는 걸 알아차렸다. 그런데도 책장을 넘겨야 했던 이유는 책 속에 등장하는 어느 인권 기록 활동가의 말 때문이었다. 그는 '누군가에게는 여전한 현재의 고통이며, 그 때문에라도 다른 누군가에게는 최소

한 경청의 책임만큼은 주어져야 하는 것이 사회라고 부를 수 있는 기본 틀일 것이다'라고 말했다. 《살아남은 아이》의 공동 저자인 전규찬 교수는 폭력은 복지원 안에 명백하게 실재했지만, 가해자들은 '상부 지시를 따랐을 따름이다'라고 변명하고 있다고 한다.

나는 책 2권을 떠올렸다. 바로 한나 아렌트의 《예루살렘의 아이히만》과 알렉산드르 솔제니친Aleksandr Solzhenitsyn의 《수용소군도》라는 책이다. 상부의 지시만 따랐다는 폭력과 아직 제대로 처벌받지 않은 권력에 대해 우리는 어떤 생각과 태도를 지녀야 하는가에 대한 고민이 있었기 때문이다.

《예루살렘의 아이히만》은 한나 아렌트가 유대인 학살에서 중요한 역할, 즉 '수백만 명의 남녀와 아이들을 상당한 열정과 가장 세심한 주의를 기울여 죽음으로 보내는 일'을 수행했던 아이히만의 재판 과정을 지켜보고 기록한 글이다. 저자는 '악의 평범성The banality of evil'이라는 개념을 이 책에서 설명한다. 아이히만이 보여준 '악의 평범성'은 '말하기의 무능력, 생각하기의 무능력, 판단의 무능력'으로부터 기인한다.

솔제니친은 《수용소군도》에서 '우리가 악인들을 징벌하지 않고 또 그들을 비난조차 하지 않는다면 우리는 결국 비겁한 죄인들을 보호하는 것이 된다'고 하면서 '젊은이들은 비겁한 행동이

한 번도 이 땅에서 처벌된 적이 없을 뿐만 아니라 그러한 행동은 언제나 행복을 안겨준다는 것을 자기들의 교훈으로 받아들일 것이다'라고 엄중하게 경고한다.

나는 2권의 책에서 내가 궁금해하던 내용을 정리할 수 있었다. '악의 평범성'에서 내가 배워야 하는 결론은 이것이다. 악은 나의 의지, 사유, 판단의 빈틈을 언제든지 비집고 들어올 수 있으니, 나태와 무지에 빠지지 않도록 쉴 새 없이 단련해야 한다는 것. 더불어 현실과 동떨어진 암호화된 언어나 메시지가 나를 둘러싸고 있지 않은지 내 바깥을 경계해야 한다.

악에 대한 징벌도 마찬가지다. 솔제니친의 말처럼 악인을 징벌하지 않는다면 이는 우리의 후손들에게 잘못된 유산을 남겨주는 것이다. 한두 번의 시도가 실패로 끝났다 하더라도 끈질기게 잘못을 밝히고 반드시 벌을 줘야 한다. 대법원에서는 전 형제복지원 원장의 무죄 판결을 취소해달라는 검찰의 비상 상고를 기각했다. 32년 전과 마찬가지로 대법원은 무죄 판결을 유지했다. 법리적인 판단에 아쉬움이 있지만, 악을 벌 줄 수단은 아직 많이 있다.

지인의 추천을
받아 읽는다

독서 활동은 책 고르기부터 시작한다. 어떤 책을 고르느냐에 따라 나머지 독서 인생이 달라질 수 있다. 어떻게 하면 책을 잘 고를 수 있을까? 처음 고른 책이 따분하고 흥미가 생기지 않는다면 다음 책을 읽을 만한 동기가 부여되지 않을 것이다. 어쩌다 읽기 시작한 책이 어려워서 진도가 나가지 않는다면 내 머리를 탓하며 책과는 영영 거리를 둘 것이다. 책을 잡긴 했지만, 머릿속에는 온통 업무와 가족, 친구 생각이 꽉 차 있어서 집중되지 않는다면 '일주일에 한 권' 읽기는 물 건너간 것이다.

〈2021년 국민 독서실태 조사〉 보고서에서는 성인과 학생에게 어떻게 읽을 책을 선택하는지 물었다. 조사 결과 성인의 경우, 서점과 도서관 등에서 책을 직접 보고(22.6%) 선택한다는 응답이 가장 높았다. 2순위로는 인터넷의 책 소개, 광고(20.8%)로 나타났다. 학생의 경우는 성인과 1순위가 같았지만, 2순위는 가족, 학교 선생님, 친구의 추천으로 책을 선택한다고 답변했다.

내가 생각하는 책 고르는 방법 중 최고는 가족과 친구의 추천을 받는 것이다. 나는 아는 사람으로부터 많은 책을 추천받았고, 많은 사람에게 아는 책을 추천했다. 앞서 말했듯이 직장 내 게시판에 내가 읽은 책의 독후감을 올리기 시작하면서 나는 '책 많이 읽는 직원'으로 소문이 났다. 그 이후부터 동료들은 내게 이런저런 책을 읽어보라고 추천해줬다. 자신이 재미있게 읽었거나 감동받은 책을 자연스럽게 내게 소개해줬다. 평소 친분이 없는 사람도 어쩌다가 자신이 읽은 책을 보내주기도 했다.

나 또한 내가 읽은 책들을 주위 사람들에게 추천해줬다. 본격적인 독서를 시작한 후 몇 년이 지나고 나서, 나를 보면 '요즘 뭐 읽으세요?'라고 물어보는 사람이 많아졌다. 내게 책을 추천해 달라고 주문하는 사람도 생기기 시작했다. 나는 요청하는 사람의 취향에 맞추어 책의 핵심적인 키워드 또는 주제와 함께 제목을 알려줬다. 책 제목이 금방 생각이 나지 않는 경우도 있어서 아예 내 휴대전화기의 메모장에 추천 리스트를 저장해놨다. 《깊이에의 강요》, 《눈먼 자들의 도시》, 《그리스인 조르바》, 《철학자와 늑대》, 《국화와 칼》, 《몰입의 즐거움》, 《살아온 기적, 살아갈 기적》은 내가 가장 추천할 만한 책으로 생각하는 작품이다. 이 중 몇 권은 세 번을 반복해서 읽은 적도 있다.

아는 사람으로부터 책을 소개받으면 꼭 읽는 편이다. 반대로 내가 누군가에게 책을 소개하면 대부분 읽는다. 그 이유는 책을 골라준 정성 때문도 있지만 서로를 잘 알기 때문이다. 평소 말투와 인상을 통해서 그 사람이 어떤 책을 선호하는지 잘 알기 때문에 권하는 책도 그에 알맞은 책을 골라주게 된다. 또 중요한 것은 다시 만날 사람이라는 것이다. 다시 만났을 때 '그 책 어땠어?' 물어보며 대화를 나누는 일은 큰 기쁨이다.

책을 추천받고, 추천하는 기쁨에 대하여

나는 SNS에서 또 다른 관리자와 함께 독서클럽 모임을 공동으로 운영하고 있다. 보통은 자신이 읽은 책을 소개하고 느낌을 말하면 회원들이 댓글을 다는 식이다. 책의 내용을 자세하게 설명하고 자신의 느낌을 전문가 수준에서 제시하는 회원도 많다. 4만 5천 명이 넘는 회원 중에는 작가도 몇 명 있다. 자신이 쓴 책을

꼬리에 꼬리를 무는
독서 기술

회원들에게 홍보하는 회원도 나타나기 시작했다. 단순히 자신이 읽고 있는 책 사진을 찍어서 올리는 회원도 있다.

최근에 새로운 경향이 나타났다. 회원들이 적극적으로 책을 추천받기 위해 글을 올리기 시작했다. 편안하게 읽을 수 있는 단편 소설을 추천해달라거나 슬픔에 빠져있을 때 읽을 만한 책을 소개받고 싶다는 글을 올리는 회원도 있다. '읽은 책'을 소개하는 빈도만큼 '읽을 책'을 추천받고 싶어 하는 회원이 많아졌다. 오프라인에서 관계를 맺고 있는 사람보다는 믿음의 강도가 느슨하지만 그래도 아는 사람에게 책을 추천받고 싶은 것이다. 나는 책을 추천하고 소개받는 모습을 보면서 '책 고르기'가 초보자에게는 쉽지 않다는 것을 알게 되었다. 다행히 나는 천 권을 읽는 동안 나만의 책 고르는 노하우를 습득할 수 있었다.

책을 고르는 방법에는 세 가지가 있다. 첫 번째는 독서클럽 모임을 통해 책을 읽는 것이다. 모임에 부지런히 참석하다 보면 좋아하지 않는 분야의 책도 강제로 읽게 된다. 다양한 성격의 회원들이 있다 보니 선호하는 책도 제각각이다. 나의 직장 독서클럽도 마찬가지였다. 20년 동안 연평균 10회 정도 했으니 내가 불참한 모임을 빼더라도 100권 이상은 내 의지와는 상관없이 발표자가 고른 책을 읽었다. 발표자는 회원들 앞에서 내용을 요약하고 감상문을 이야기하고 토론 주제를 뽑아야 하니 책을 신중하게 고른다. 이렇게 선택받은 책은 양서일 수밖에 없다.

두 번째는 책 속의 책을 찾아 읽는 것이다. 저자는 하나의 사상을 전개하기 위해 다양한 작가의 말들을 인용한다. 이때 마음에 드는 작가나 문장, 책이 있다면 메모해뒀다가 연결해서 읽는 것도 관심의 범위를 확장하는 데 도움이 된다.

세 번째는 언론이나 광고를 통해서 책을 소개받는 예도 있다. 이때는 자칫 잘못하면 현란한 선전에 속아 넘어가는 수가 있어서 조심해서 책을 골라야 한다. 인터넷 서점에 들어가서 목차와 저자의 프로필 정도는 확인해보고 사는 것을 추천한다.

친구로부터 책을 소개받기 위해서는 어떻게 해야 할까? 또는 읽을 만한 책을 선택하기 위해서는 어떤 방법이 좋을까? 시작하다 보면 자연스럽게 자신만의 노하우가 생긴다. 100권 정도만 읽는다면 책 고르기는 더는 고민할 필요가 없게 될 것이다. 다음 스텝으로는 친구에게 또는 모임에서 이제 독서를 시작했다는 사실을 밝힌다. SNS 또는 메신저를 통해 밝혀도 좋겠다. 그때 반응을 보이는 친구가 있으면 대화를 이어간다. 자신의 관심 분야를 이야기하면서 책을 추천해 달라고 요구해도 좋다. 읽고 있는 책이 있다면 왜 그 책을 읽게 되었는지, 내용 중에 어떤 부분이 관심이 있는지 이야기한다. 대화 속에 언급되는 책을 메모해뒀다가 사서 읽는다.

꼬리에 꼬리를 무는
독서 기술

핵심은 자신이 책을 읽게 되었다는 사실, 본격적으로 독후활동을 하게 되었다는 이야기를 주위에 퍼뜨리는 것이다. 벌이 꽃을 찾아 나서듯이 나를 중심으로 책이 자연스럽게 모여들고 책을 좋아하는 친구들이 나를 찾게 된다.

주위에 책을 읽는 친구들이 전혀 없다면 어떻게 하는 것이 좋을까? 위에서 소개한 두 번째, 세 번째 방법을 활용하면 된다. 하나의 책에서 다른 책을 소개받는 '연결 독서' 또는 신문이나 광고 홍보를 통해 소개되는 베스트셀러를 일단 손에 잡아보는 것도 나쁘진 않다. 주말에는 서점에 들러 책 속에 퐁당 빠져보자. 낯선 세상에 가슴이 콩닥거릴 것이다. 이리저리 발걸음을 옮기면서 책 제목만을 읽기만 해도 아드레날린이 분출된다. 눈길이 가는 책은 손을 뻗어 과감하게 펼쳐 들고 그 자리에서 목차나 서문을 읽어보자. 자신을 끌어당기는 책을 발견하게 될지도 모른다.

가끔은 관심 분야가 아니어도 읽는다

나는 대학에서 생물학을 전공한 덕분에 과학책을 읽는 것에 대한 두려움은 없다. 일부러 찾아 읽지는 않지만 다른 책에서 소개받은 과학책은 구매한다. 내가 읽은 과학서 중에 가장 좋았던 책을 뽑는다면 다음과 같다. 맨하튼 프로젝트*의 총지휘자인 로버트 오펜하이머Robert Oppenheimer의 평전인《아메리칸 프로메테우스》, 기준에 대한 성찰 기회를 준 장하석의《온도계의 철학》, 요즘 빛을 발하는 발명가 니콜라 테슬라Nikola Tesla의 삶에 대한

* 미국 정부 주도의 원자폭탄 개발 계획.

꼬리에 꼬리를 무는
독서 기술

《니콜라 테슬라 평전》이다. 이 책들은 주위 사람들에게 꼭 권하고 싶은 책이다.

과학책 이야기로 서두를 꺼낸 것은 이유가 있다. 한 분야를 깊게 읽기보다는 다양하게 읽기를 권하기 위해서다. 설사 전문가가 되고 싶어서 혹은 전문 지식을 쌓고 싶어서 관련 서적만 탐독하는 독자라 하더라도 따로 시간을 빼 다른 분야의 책을 읽기 바란다. 창의적인 생각은 한 분야만 판다고 해서 나오는 것이 아니기 때문이다. 오히려 다른 주제를 이야기하는 여러 분야의 책을 읽어야 다양한 생각들이 섞이고 합쳐져 독창적인 아이디어를 떠올릴 수 있다.

무엇보다 다양하게 책을 읽어야 하는 가장 큰 이유는 알고리즘에 빠지지 않기 위해서다. 어떻게 보면 인생 자체가 알고리즘이라고 할 수 있다. 다른 말로 하면 편향된 삶의 연속이다. 내가 즐겨보는 포털사이트, 유튜브, 인터넷 판매 사이트를 포함해서 모든 사이버공간은 나의 취향에 맞춰져있다. 운영자(사람 또는 기계)는 내가 입력한 자료 또는 검색한 단어를 계산하고 측정한다. 이어서 내가 관심 가질 만한 출력물을 알아서 제시하는 것이다. 나는 다시 그 공간에서 시간을 보내고 물건을 사게 되는 '무한반복 소비'에 빠진다. 인터넷을 이용할 때만 이런 문제가 발생하는 것은 아니다. 생활에서도 마찬가지다. 내가 좋아하는 사람, 음식,

장소, 음악에만 둘러싸인 채 반복적으로 생활하다 보면 새로운 생각이 들어올 틈이 없다. 이것을 깨뜨릴 수 있는 가장 좋은 방법이 책이다.

나의 알고리즘에서 벗어나는 법

다양한 책을 읽는 것이 나의 알고리즘에서 벗어나는 방법이다. 책을 통해 평소 가까이하지 못했던 인물들을 만나서 이야기를 듣고 새로운 세계를 경험하면서 알고리즘에 빠진 나를 구해내자. 나 역시 편향된 삶을 살다가 빠져나온 적이 있다. 나는 우리 사회에 만연한 성 감수성의 부족과 고정된 성 역할에 대해서 큰 관심을 두지 않았다. 그러나 딸이 추천한 《82년생 김지영》을 읽고는 생각이 달라졌다. 《딸에 대하여》, 《우아하고 호쾌한 여자 축구》, 《전쟁은 여자의 얼굴을 하지 않았다》를 읽고는 전혀 다른 시선을 가진 나를 발견하게 되었다.

책을 읽으면 어떤 점이 좋은지 수십 개를 말할 수 있다. 하지만 그중에서 단 하나만 이야기하라고 하면 나는 '다양한 삶을 만날 수 있는 것', 그것 하나를 뽑겠다. 다양한 책이 있다는 것을 알지 못하고 살았더라면 내 인생은 어땠을까. 단조롭고 피폐한 육

체와 정신을 가지고 살았을 것이다. 중요한 것은 나 혼자 잘못되고 실패한 삶을 사는 것으로 그치지 않는다는 것이다. 편협된 생각으로 나뿐만 아니라 내 주위의 사람들을 괴롭혔을 것이 분명하다.

유연하고 창의적인 사고를 위해 다양한 책을 읽어야 한다. 그렇다면 나의 편향에서 벗어난 책을 어떻게 고를 것인가? 세 가지 방법을 제시한다. 먼저 독서클럽 활동을 하는 것이다. 독서클럽 발표자가 선택한 도서는 나의 의지와 상관없이 읽을 수 있는 좋은 책이다.

그리고 유명인의 서재를 훔쳐보는 것이다. 언론이나 인터넷에 유명인들이 좋아하는 책들을 소개하는 글을 보게 된다면 메모해뒀다가 사보자. 신문의 고정란에서 유명인의 서재를 소개하면 책 제목을 훑어보고 소개 글을 읽어본다. 그렇게만 해도 공부가 되는 기분이 든다. 마음에 드는 책이 있으면 메모해둔다.

또는 일간지나 월간지 같은 출력물을 정기적으로 구독하는 것이다. 나의 선호와는 상관없는 내용을 강제로 읽고 생각에 빠지게 한다. 나는 매일 아침 신문을 받으면 바빠도 헤드라인은 꼭 읽고 읽지 못한 내용은 주말에 챙겨본다.

자기계발서와 경영서로 시작한 나의 독서는 시와 소설, 미술, 음악, 철학책으로 범위가 넓어졌다. 세분화하면 더 많은 분야가 나의 독서 범위 안에 들어와 있다. 어느 분야의 책이든 나의 관심사다. 나는 독서에 관해서는 알고리즘이 없는 알고리즘을 만들고 싶다.

6장

GC카드
200% 활용법

자녀에게 독서력을 물려주는 유산이 된다

과거로 시간 여행을 할 수 있다면, 여러분은 무엇을 하고 싶은 가? 영화 〈어바웃 타임〉(2013)의 주인공 팀은 사랑을 찾는다. 성인이 되던 날, 팀은 아버지로부터 시간 여행을 할 수 있다는 것을 듣게 된다. 그 후 런던에서 직장을 가진 팀은 매력적인 여성, 메리를 만난다. 팀은 시간 여행을 이용해 메리의 마음을 얻고 행복한 가정을 꾸리게 되지만 여동생의 불행과 아버지의 죽음을 맞이하면서 시간 여행의 의미에 대해 많은 생각을 하게 된다. 팀은 하루를 두 번 살아보라는 아버지의 충고에 따라 첫 번째 날에는 보지 못했던 소소한 것들에서 아름다움과 의미를 찾아보기도

GC카드
200% 활용법

한다. 영화의 마지막 부분에 팀은 시간 여행을 그만두고 최선을 다해 하루를 충실하게 사는 사람으로 바뀐다.

이 영화에서 기억에 남는 장면이 있다. 팀은 과거로 돌아가서 한 번 더 사용하는 시간을 어떻게 활용했는지 아버지에게 묻는 장면이 있다. 돈을 벌거나 재미를 탐닉하는 데 사용했던 조상들이 있었지만, 팀의 아버지는 책을 읽고 있다고 말한다. 영화 곳곳에는 팀의 아버지가 책을 읽는 장면이 등장한다. 끊임없이 책을 읽는 아버지로부터 팀은 삶과 삶을 지배하는 시간에 대해 배운다.

자녀교육에 독서법을 활용하라

우리나라 부모의 자녀교육에 대한 열정은 세계 어느 나라보다 높다. 자녀 문제에 관해서는 항상 촉각을 곤두세우고 주위를 살핀다. 이웃의 자녀들은 어떻게 교육 받는지, 새로운 교육법에 관심을 기울인다. 아이들에게 무엇을 남겨줄 것인가? 나는 자녀가 책에 관심을 가지도록만 한다면 더 이상의 유산은 필요 없다고 생각한다. 내가 보살펴주지 못하는 상황이 오더라도 책이 대신 돌봐줄 것이라고 믿기 때문이다.

독서 교육에 대해서만 한정해서 말해보자. 자녀의 독서 교육에 중요한 것은 세 가지다. 첫째, 부모가 먼저 독서에 모범을 보여야 한다는 것이다. 부모가 읽지 않으면서 자녀에게 독서를 권하는 것은 설득력이 떨어진다. 둘째, 아이와 책으로 소통하는 것이다. 읽은 책에 관해 이야기하고 도서 추천을 주고받는 것이다. 셋째, GC카드를 활용하는 것이다. 머릿속에만 남는 것이 아니라 손에 잡히는 독서를 하면 큰 재산이 된다.

먼저, 자녀가 독서 습관을 지니기 위해서는 부모가 모범을 보이는 것은 지극히 당연하지만 실천하기도 어렵다. 일상생활 속에서 부모들은 이것을 깨닫지 못하고 사는 경우가 많다. 부모와 함께 생활하는 아이는 부모의 말과 행동을 모방하면서 자신의 정체성을 확립한다는 것을 명심하자. 인류는 '따라 하기' 능력이 없다면 생존할 수 없다. 모방은 부모의 가르침이 필요하지 않다. 뇌가 저절로 반응하기 때문이다. 이것에 관한 중요한 실험이 있다. 바로 '거울 뉴런'의 발견이다. 1996년, 이탈리아의 리졸라티 교수 연구팀은 원숭이가 손으로 물체를 잡을 때 행동을 조절하는 신경을 연구하기 위해서 원숭이 뇌에 전극을 설치했다. 연구팀은 원숭이가 '음식을 집기 위한 행동을 할 때' 활성화되는 뉴런의 움직임을 기록했는데, 원숭이가 사람이 '음식을 집는 행위를 볼 때'에도 똑같은 부위의 뉴런이 활성화되는 것을 발견했다. 이를 통해서 뇌 신경세포 중에는 '하는 것'과 '보는 것'을 같은 것

GC카드
200% 활용법

으로 받아들이는, 즉 '타인의 행동을 비춰주는' 거울 뉴런이 있음을 발견했다.

아빠가 소파에 비스듬히 앉아 책을 보고 있노라면 아기가 자신의 그림책을 들고 천연덕스럽게 다가서는 장면을 쉽게 상상할 수 있다. '거울 뉴런' 이론에서 내가 관심이 있는 것은 아이가 실제로 책을 읽지 않더라도 마치 책을 읽는 것처럼 신경세포가 활성화된다는 것이다. 아빠가 책을 읽는 모습이 아이의 신경세포를 자극한다면 하루에 30분 정도는 아이 앞에서 책을 읽는 모습을 보여줄 필요가 있지 않을까? 하지만 그것도 아이가 유치원에 입학할 정도면 그만둬야 한다. 그때는 진짜 책을 읽고 있는지, 보여주기를 위한 것인지 정도는 알 수 있기 때문이다. 거짓 책 읽기보다는 부모의 진지한 책 읽기가 계속되어야 한다. 아이가 성인이 될 때까지. 책을 읽는 부모가 외국어 자격시험을 치르거나 학위를 받기 위해 공부를 계속해나가면 더욱 좋다. 독서와 관련해서 눈에 보이고 손에 만져지는 무엇인가를 아이에게 보여주는 게 좋다. 예를 들면 GC카드를 차곡차곡 쌓아 가면서 아이에게 자랑하는 것이다.

여기서 중요한 것이 하나 있다. 아빠와 엄마가 '함께' 책을 읽어야 한다. 부모 중 책 읽지 않는 부모에게 더 큰 영향을 받을 수 있기 때문이다. 아이들 교육을 위해서 억지로 부모가 함께 한두 번 하다 보면 습관이 될 수 있다. 도랑 치고 가재를 잡는 독서, 이보다 더 좋을 수는 없다.

나는 아이들과 초등학교까지는 사이가 좋았는데 중학교, 고등학교에 진학하면서 낯설어지기 시작했다. 말을 붙일 때도 아이의 기분이 어떤지 살펴야 했다. 이때 책이 한 번씩 대화 소재가되었다. 내가 읽은 책 중에 놀라운 내용, 재미있는 내용은 식사자리에서 슬그머니 이야기를 꺼내곤 했다. 딸의 교재를 사러 서점에 들렀을 때 가족들이 함께 읽을 만한 책을 고르기도 했다. 딸이 매장을 구경하다가, 이건 우리 가족 모두 읽어야 한다고 말하면서 고른 책은 《모든 관계는 말투에서 시작된다》다. 이후로 딸 앞에서 말할 때는 부드러운 말투를 쓰려고 노력했다. 딸은 《82년생 김지영》을 내게 건네주면서 아직도 안 읽었느냐고 핀잔을 주기도 했다. 어느 날 딸의 책상에 《데미안》이 있는 것을 발견했다. 딸이 방탄소년단[BTS]의 '피 땀 눈물'이라는 노래가 이책을 모티브로 했다고 하기에 나도 단숨에 다 읽고 딸과 함께 뮤직비디오를 몇 번이나 돌려보면서 가사와 영상의 의미에 관해이야기했다. 페미니즘에 관심이 많은 딸에게 나는 《딸에 대하여》를 권하기도 했다. 나이가 들수록 점점 까칠해지는 딸에게 내가말을 걸 수 있는 무기 중 하나는 책이다.

마지막으로 자녀에게 GC카드 사용법을 알려주면 좋겠다. 독서 노트를 쓰게 하는 것도 좋지만 한 번 쓰고 책장에 꽂아두면 다시 독서 노트를 뒤적거릴 일이 없다. 카드를 사용하게 함으로써 어릴 때부터 편집 능력을 길러주는 것이 중요하다. 아이들의 상상력은 어른을 뛰어넘는다. 카드 사용법을 익힌 아이들이 어떻게 창의적으로 활용할지는 아무도 알 수 없다. 중요한 것은 노트 정리 방식으로는 우리의 생각을 편집할 수도 없고 창의적인 생각을 할 수 없으며 나만의 것을 결코 가질 수 없다.

GC카드 활용에는 독후활동을 통한 편집 역량을 키워주는 것 외에 또 하나 중요한 이유가 있다. GC카드를 쓰면 눈앞에 차곡차곡 쌓이는 카드의 부피 때문에 성취감을 맛볼 수 있다. 즉각적인 결과는 동기를 유발하는 데 있어서 가장 중요한 요인이다. 한 주에 하나의 카드가 책상에 쌓이고 수시로 꺼내서 읽어볼 수 있고 카드를 주제로 친구와 대화할 수 있다면 책을 읽는 즐거움이 늘어날 수밖에 없다. 그 옆에 아빠의 카드박스, 엄마의 카드박스가 함께 놓여 있다면 서로 생각이 어떻게 다른지도 금방 알 수 있다.

〈2021년 국민 독서실태 조사〉보고서에 따르면 학생들이 지금보다 책을 더 가까이하기 위해서 부모님에게 바라는 것의 1순위는 '책 읽기를 억지로 강요하지 않으면 좋겠다'(44.9%)였다. 초등학생의 경우 '부모님과 함께 책 읽을 시간을 가지면 좋겠다'

(단위: %)

44.9 독서 강요 자제
34.2 도서관이나 서점 이용
32.4 책 구매
31.7 함께 책 읽는 시간
27.4 책 관련 대화
25.8 책 읽는 모습

학생이 부모님에게 바라는 점

와 '도서관이나 서점을 부모님과 함께 이용하면 좋겠다' 항목이 각각 44%로 1순위였다.

책을 사주는 것은 어느 부모든 할 수 있다. 하지만 책과 관련된 대화를 나누거나 평소 책을 읽는 모습을 보여주는 부모는 보기 드물다. 아이들에게 필요한 '위대한 유산'은 지갑에서 나오는 것은 아니다. 부모의 독서력에서 나오는 것이다.

GC카드
200% 활용법

효율적인 지식관리로
슬기로운 직장생활을 만든다

내가 근무하는 직장에는 특별승진이라는 제도가 있다. 뛰어난 업무 실적을 거둔 직원에게 심사를 통해 직급을 승진시켜주는 제도다. 몇 년 전 나는 그동안 추진한 업무를 잘 정리해 특별승진 자료를 제출했다. 비록 특별승진은 하지 못했지만 특별승진을 준비하는 동안 배운 것이 있다. 바로 기록의 중요성이다. 나는 서류 제출을 위해 그동안 직장 내에서 이뤄낸 실적의 자료와 증빙 서류를 모아야 했다. 현재 업무에서의 실적은 금방 알 수 있지만 2년 전, 4년 전 업무 내용은 머릿속에 남아있지 않았다.

　나의 실적을 숫자로, 구체적인 문장으로 증빙하지 못하니 누가 믿어 주겠는가? 나의 실적이 사라지는 것도 문제였지만 내가 갈고닦은 업무 노하우와 사회적 관계까지 모두 없어진다고 생각하니 허무함은 이루 말할 수가 없었다. 그 이후 기록에 대한 나의 태도는 달라졌다.

그 후 2018년 8월, 시의 행복 지표를 만드는 일의 팀장을 맡았었다. 1억 5천만 원 정도의 예산이 소요될 것으로 예상되는 '행복 지표 만들기' 용역 사업을 추진해야 했다. 하반기에 새로운 일을 시작하게 되었으니 미리 확보해둔 예산이 없었다. 직원들과 아이디어를 모아 일반운영비와 업무추진비만 사용해 결과를 만들었다. 첫 워킹그룹을 시작한 이후 50여 일 만에 3천여 명의 시민들이 '행복'이라는 키워드에 참여해 10개 영역에 64개의 지표를 만들었다. 나는 그때의 일을 파일과 사진 자료, 언론 보도 자료까지 포함해서 백서를 만들어 직장 내의 지식을 공유하는 '지식 등대'라는 곳에 게시했다. 시민들과 함께 원탁회의를 진행한 시나리오를 비롯한 세부 사항까지 정리했다. 직원들의 반응이 좋았다.

2020년 초반부터 본격적으로 시작된 코로나 팬데믹 시대에 직면해 중소기업과 소상공인에 대한 지원 자금이 마르기 시작했다. 우리 팀은 한 해 동안 세 번의 새로운 정책 자금 대책을 만들어 시행했다. 자금 지원 조건을 완화하기도 하고 금융 사각지대

GC카드
200% 활용법

에 놓인 소상공인을 위한 새로운 정책 자금을 내놓기도 했다. 나는 정책 자금을 만드는 과정과 그 내용을 백서로 만들었다. 코로나19 팬데믹과 비슷한 수준의 재난이 발생하면 조금이라도 빠르게 대처하기 위해서다.

기록의 중요성은 아무리 강조해도 지나치지 않지만 내게는 또 다른 특별한 이유가 있다. 한때 수출품의 이동로 확보 사업을 맡아 진행하면서 나는 엄청난 좌절과 스트레스를 받았었다. 고민을 거듭하면서 며칠간 잠을 못 이루기도 했다. 물론 생각에 생각을 거듭하니 답은 나왔다. 문제를 해결하고 얻은 자신감은 내게 나머지 직장생활에서 커다란 자산이 되었다. 도저히 답이 없을 것 같은 일이나 심리적으로 힘든 일이 생겨도 그때를 회상하면 여유를 가지게 되는 것이다. 만약 그때의 기록을 내 손에 펼쳐 들고 구체적으로 회상할 수 있다면, 내가 힘들 때 많은 도움이 되었을 것이다.

직장에서의 GC카드 활용법

슬기로운 직장생활을 위해 카드를 이렇게 활용하면 좋겠다. 첫번째는 업무에서의 경험을 카드에 적어두고 부서를 옮길 때마다 들고 다니면서 기록하는 것이다. 직장을 옮길 때도 마찬가지다. 카드를 지니고 사는 것은 나의 경험을 들고 다니는 것과 같다. 중요한 것은 경험에는 정확한 수치와 키워드가 필요하다. 추억은 아련해도 되지만 기억은 정확한 단어와 숫자를 함께 불러내야 한다.

두 번째는 업무 전문성을 획득하는 수단으로 활용하는 것이다. 나는 관련 업무를 맡게 되면 기본적으로 책을 읽고 연구 보고서를 읽는다. 과학기술 업무를 담당할 때는 KISTEP(한국과학기술기획평가원)과 STEPI(과학기술정책연구원), KDI(한국개발연구원), SERI(삼성경제연구소)의 정책 보고서를 읽었다. 시의 정책 자금 업무를 맡았을 때는 KIF(한국금융연구원)가 추가되었다. 이런 보고서의 장점은 역시 숫자와 논리다. 왜 그런 현상이 일어났는지, 어떤 정책이 왜 필요한지 숫자와 근거를 보여준다. 카드에 각종 연구기관의 보고서의 핵심 주제와 활용 가능한 숫자와 키워드를 중심으로 정리해둔다. 독서력이 어느 정도 쌓였다면 큰 어려움 없이 요약해 카드에 옮길 수 있을 것이다. GC카드에 책 내용을 요약해 적는 훈련이 중요한 이유다. 초보자라 하더라도 자신이 이해한 범위 내에서 획득한 정보와 지식을 옮겨놓으면 된다.

이렇게 알게 된 지식은 나의 업무 보고서에 적당한 위치에 끼워 넣는다. 보고서가 풍성해진다. 출처 표시를 해주면 신뢰는 더

GC카드
200% 활용법

올라간다. 카드의 장점은 언젠가, 어디선가 본 듯한 숫자를 찾아서 기관의 홈페이지나 출력물을 뒤적거릴 필요가 없다는 것이다. 책상 앞 한쪽에 있는 카드만 보면 된다.

세 번째는 카드를 이용해 편집 능력을 키울 수 있다는 것이다. 전문가들이 보지 못하는 면을 나는 볼 수 있다. 각자의 전문가가 자기 분야만 분석해 보고서에 담았지만 여러 개의 카드를 섞어서 살펴보면 나는 그 사람들의 어깨에 올라서서 더 큰 그림을 볼 수 있고 새로운 생각도 샘솟는다. 직장에서 업무 고수가 되는 길은 의외로 조그만 카드에서 나온다. 카드가 쌓여야 한다.

독서 모임을
수준 높은 토론장으로 만든다

토론에서 중요한 것 중 하나는 권위자에게 휘둘리지 않는 것이다. 어느 모임이든지 직급이 높거나 나이가 많거나 목소리가 큰 사람이 있기 마련이다. 힘 있는 참석자가 회의 시작과 동시에 전체 분위기를 유도하는 발언을 하게 되면 나머지 사람들은 그에 반하는 의견을 제시하기가 쉽지 않다. 상호 토론이 활발하게 진행되지 않는 회의에서 창의적인 결과를 기대할 수 없다. 나의 직장 내 독서클럽도 20여 년 가까이 이어오고 있다. 업무 시간 외 동아리 활동이라 직급과 직위에 상관없이 자유롭고 편안한 분위기에서 발표와 토론이 진행된다. 나는 자유롭고 편하다고 생각

GC카드
200% 활용법

하지만 새로 들어온 회원이나 젊은 직원은 내 생각과 다를 수 있다. 회의를 진행하다 보면 독서클럽 회장이나 직급이 높은 간부급 선임 직원의 발언이 제법 길게 이어지는 경우가 있기 때문이다.

독서 모임에서 GC카드를 활용하는 법

독서 모임에서 GC카드를 사용하면 좀 더 창의적인 토론이 가능하다. 독서 모임을 운영하는 방식은 다양하다. 독서 모임의 유형 중 같은 책을 읽고 토론하는 모임을 생각해보자. 회원 중 1명이 발표하고 함께 집단 토론을 하는 모임을 한다고 했을 때, 우선 회원들은 책을 읽는 동안 GC카드를 작성한다. 모임에 참석하면 책상 앞에 자신의 카드를 내놓고 다른 회원이 작성한 카드를 읽어본다. 참석자 수에 따라 다르겠지만 10분 정도 시간 안에 참석한 회원들의 생각을 한꺼번에 알아차릴 수 있다.

다음은 사회자의 진행에 따라 책 속 문장 중에서 가장 마음에 들었던 문장에 관해 이야기하는 시간을 가지고 각자의 기준에 따라 책 내용을 정리한다. 독서카드 순서에 따라 '획득Gain'한 내용과 '변화Change'된 것을 토론한다. 독서 모임이 오래되고 조금

활발한 토론을 하고 싶다면 그다음 단계로 나간다. 1차로 그날 지정된 도서에 관한 토론 이후 논의의 확장을 위해 회원들은 이와 유사한 주제의 카드를 다시 책상에 내놓는다.

예를 들면 독서 토론회에서 《노년에 관하여》를 읽었다고 하자. 키케로의 《노년에 관하여》는 스키피오라는 젊은이가 정치가 '카토'를 방문해 노년에 관한 질문하는 것으로 시작한다. 키케로는 예순 넷의 카토의 입을 빌려 노년에 관한 그의 사상을 설파한다. 키케로는 죽음이란 오랜 항해 뒤 항구에 들어서는 일이라고 하면서 노년이 짐스러운 게 아니라 유쾌한 것이라고 한다. 회원중 누군가는 키케로와 비슷한 취지로 이야기한 《노년의 의미》을 읽을 수 있다. 이 책은 제네바의 내과의사이자 정신의학자인 폴 투르니에 Paul Tournier 가 일흔 둘의 나이에 '은퇴와 노년의 의미'에 대해 쓴 글이다. 저자는 성공적으로 은퇴하는 것은 은퇴 이전에 어떻게 살았느냐에 따라 크게 좌우되며 늙기 전에 자신의 문화수준을 끌어올려야 한다고 주장한다.

참석자들은 토론 주제를 좀 더 확장한 책을 읽고 작성한 GC 카드를 돌려가며 읽을 수 있다. 이렇게 진행하면 하나의 책으로 끝나는 토론회가 좀 더 다양한 의견이 분출되고 모이는 세미나 형식으로 발전한다. 이것이 가능한 이유는 책의 내용을 정확하게 표현하고 회원 간에 돌려보면서 읽을 수 있는 GC카드가 있

GC카드
200% 활용법

기 때문이다.

독서 모임 중 각자가 한 권의 책을 읽고 모임에서 발표하는 경우가 있다. 이때도 마찬가지로 자신이 작성한 카드를 책상 앞에 내놓고 다른 회원의 카드를 돌아가며 읽는다. 독서카드 한 장이 책 한 권이므로 참석한 회원들이 읽고 온 책의 핵심 내용을 빠르게 파악할 수 있다. 돌아가면서 발표하는 동안 카드에 적힌 내용을 상기하면서 토론에 참여하게 된다.

GC카드를 활용한 독서 모임의 좋은 점을 세 가지 관점에서 살펴보자. 말하는 사람, 듣는 사람, 모임 전체의 관점이다. 먼저 말하는 사람은 논리적으로 말하게 된다. 카드를 적는 순간 이미 말하는 연습을 하는 자신을 떠올리게 된다. '내가 쓴 이 문장을 어떤 식으로 말하면 듣는 이의 입장에서 가장 인상 깊을까? 어떤 비유를 들 수 있을까, 전체적으로 마무리는 이런 말을 하면 좋겠다'를 생각하게 된다. 카드에 적힌 내용 외에 주제에서 벗어난 이야기를 할 수 없다. 반복하다 보면 발표실력이 크게 향상된다.

듣는 사람은 발표 자료를 눈으로 보고, 발표내용을 귀로 듣는 행위를 통해서 기억력을 강화할 수 있다. 또한, 자신이 직접 쓴 카드와 내용을 비교하는 과정에서 자연스럽게 새로운 생각들을 편집해낼 수 있다. 듣기만 하면서 새로운 생각을 떠올리는 것과 눈으로 보고 (GC카드를) 손으로 만지는 감각을 함께 활용하는 편집 행위는 차원이 다르다.

GC카드를 활용하면 모임 전체적인 관점에서도 이로운 점이 있다. 우선 시간을 절약할 수 있다. 10분에서 20분 정도만 시간을 주면 그날 토론할 내용을 참석한 회원들이 전반적으로 파악할 수 있다. 또 하나의 좋은 점은 회원들 간의 평등권을 보장한다. 모든 참석자는 카드를 지니고 참석한다. 즉, 카드 한 장만큼의 발언권을 갖는다는 말이다. 한 장의 카드로 10분 이상 발언을 이어가기는 쉽지 않다.

나머지 하나는 회원의 지식을 축적할 수 있다는 것이다. 총무 또는 간사가 카드를 휴대 사진기의 카메라 기능 중 스캔 기능을 활용해 참석하지 못한 회원과 공유할 수 있다. 횟수를 거듭해서 더 많이 내용이 쌓이면 기록물로써의 가치까지 획득하게 된다.

조직에 변화를 가져다주는
경영 도구로 쓴다

영화 〈삼진그룹 영어토익반〉(2020)의 주인공은 대기업에 입사한 고졸 여사원 3명이다. 이들은 토익 600점을 넘기면 대리로 승진시켜준다는 회사의 방침에 따라, 영어 강사로 등장한 타일러 라쉬가 가르치는 토익 반에서 새벽부터 'I can do it, you can do it, we can do it'을 외친다. 직장에는 몇 년 일찍 들어왔지만 승진 기회조차 주어지지 않는 고졸 여사원들에게 영어 시험은 하늘이 내려준 기회라고 할 수 있다. 〈삼진그룹 영어토익반〉은 1995년을 배경으로 만든 영화다. 강산이 두 번도 더 바뀌었지만, 아직도 우리 사회 곳곳에 영어 성적으로 승진이나 승급에서 가산점을 주는 조직이 있다.

회사 경영 차원에서 조직원의 영어 실력보다 중요한 것은 독서력이다. 이때의 독서력은 책을 읽고 해독하고 요약하는 능력, 글쓰기 능력을 포함한다. 같은 실적을 거둔 직원이라면 책 속에서 개인과 조직의 변화를 가져올 수 있는 핵심적인 내용을 잘 파악하고 적용할 수 있는 직원을 우대하는 것이 옳다.

기업의 지속 가능성은 '학습조직'을 어떻게 만들고 운영하는가에 달렸다. 급격한 기술의 발전과 산업의 변화에 대응하는 것은 기업의 생존 문제와 직결된다. 우리 직장에서도 한 달에 한 번 정도는 챗GPT 교육을 시행하고 있으며 석학을 초청하는 조찬 세미나도 개최하고 있다.

학습의 도구에는 '책'이 있다. 책을 활용한 '독서경영'은 기업에 절대적으로 필요한 경영 전략이다. 그래서 많은 기업이 독서경영을 실천하고 있다. 그중 2020년 문화체육관광부와 한국출판문화산업진흥원이 공동 주최한 '독서경영 우수직장'에서 대상을 받은 교보생명이 눈에 띈다. 교보생명은 16년째 임원·팀장 독서 토론회를 이어오고 있으며 '경영 아이디어 뱅크' 역할을 한다고 알려졌다. 교보생명의 독서경영 전통은 '독서의 중요성'을 유훈처럼 남긴 고故 신용호 교보생명 창립자로부터 이어졌다.

독서를 경영에 활용하는 '독서경영'은 목적지향형 독서다. 독서를 통해 기업의 가치를 증대하는 목표를 세웠다면 강력하게 실천할 수 있는 도구가 있어야 할 것이다. 그 도구가 바로 GC카드다. 독서경영에서 GC카드의 좋은 점은 크게 세 가지다. 초보도 손쉽게 시작할 수 있다는 것과 토론에서의 평등성 확보, 비대면 토론의 활성화 및 토론의 확장성이다.

첫째, 초보자도 손쉽게 시작할 수 있다는 것이다. 책을 처음 접하거나 거의 읽지 않는 직원에게는 책을 읽으면서 밑줄 친 부분만 옮겨 적는 것부터 시작하면 된다. 책을 요약하거나 지식과 정보의 획득, 변화를 적는 단계는 개인별로 독서력을 고려해 진행한다. 조금씩 단계별로 시간 간격을 두고 진행하면 직원의 수준이 평균적으로 올라가는 것을 확인할 수 있다.

둘째, 토론에서 평등성을 확보할 수 있다는 것이다. 토론회에 참석하는 직원은 각 한 장의 GC카드를 들고 참석한다. 여기에 대한 발언도 카드 내용에 한정하도록 하면 생각이 많은 직원이 조금 더 많이 발언할 수는 있겠지만 직급이 높다고 해서 쓸데없는 이야기를 할 수 없다. 토론 시작 전에 GC카드를 서로 돌려가며 읽게 되면 바쁜 직장인에게 황금 같은 시간을 절약할 수 있어서 좋다.

셋째, 비대면으로 토론이 가능하며 이를 통해 토론을 확장시킬 수 있다. GC카드를 활용하면 반드시 모여서 토론회를 할 필요는 없다. 팀 회의실이나 휴게실에 GC카드박스를 비치해두면 누구나 드나들면서 읽고 시간이 날 때 자기와 다른 의견을 제시한 직원에게 언제든지 말을 걸어 새로운 지식을 배울 수 있다. 같은 의견이라면 감정적 유대감을 느낄 것이다. 회사 전체 직원을 대상으로 독서토론을 진행한다면 회사 공간 특정한 곳에 비치하고 공지해두면 좋겠다.

GC카드에 '오프라인 댓글'을 다는 것도 방법이다. 다른 직원의 GC카드를 읽고 다양한 의견을 가질 수 있다. 지지를 표할 수도 있고 제 생각과는 전혀 다른 이야기에 대해 그 근거를 물어볼수도 있다. 단 익명으로 하지 않고 반드시 이름을 적게 해 말에 책임을 지게 하는 것이 중요하다.

〈2021년 국민독서실태 조사〉에 의하면 직장인 응답자 4,196명중 91%가 '직장에 도서실, 독서 활동, 독서 프로그램 등이 전혀 없다'라고 응답했지만, '직장 내에 도서실이 있거나 도서 대출이 가능하다'라거나 '직장의 권장 도서 목록이 있다', '회사에서 책 읽기를 강조하는 편이다', '원하는 책을 직장에서 구입해준다'라는 응답자는 모두 합쳐서 11.7%에 불과하다.

독서경영에 관심 있는 회사와 그렇지 않은 회사의 직원 독서량은 얼마나 차이가 날까? '독서경영'을 하는 직장에서 일하는 직장인의 독서율은 81.5%, 독서량은 연간 10.1권인 데 비해, 그

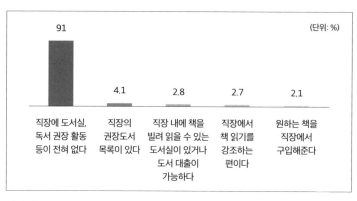

직장인의 독서 환경　　　　　　　　※ 복수 응답, 응답률 1% 이상만 제시

렇지 않은 직장에 다니는 직장인의 독서율은 44.1%, 독서량은 3.5권으로 조사되어 큰 차이가 나타났다.

독서경영을 위해 회사에서는 기본적으로 독서 환경을 구축할 필요가 있다. 도서실을 비치해 직장에서 자유롭게 도서 대출이 가능해야 한다. CEO나 간부의 권장 도서 목록을 제공하는 것도 중요하다. 독서동아리 활동을 권장하는 프로그램, 저자 초청 강연회를 비롯한 프로그램을 마련하는 것이 좋다. 직원들에게 가장 강력한 유인책은 인사 고과다. 토익 600점을 넘기면 대리로 승진시켜주는 제도보다는 독서력을 기준으로 승진이나 승급에 가점을 주는 '독서 인센티브제'가 직원들에게 더 와닿을 것이다. 영어 잘하는 직원보다는 책 읽는 직원이 회사에 도움이 된다.

이제 CEO부터 시작하자. CEO와 간부가 먼저 모범적으로 책을 읽고 GC카드를 작성해 카드박스에 꽂아두자. 직원들은 시키지 않아도 적극적으로 동참하게 될 것이다. 조직 문화가 달라질 것이다. 조직 문화가 바뀌면 회사의 미래도 활짝 꽃필 것이다.

GC카드
200% 활용법

GC카드가 모이면
책이 된다

대한출판문화협회의 자료에 따르면 최근 5년 동안 국내 출간 종
수는 45.5% 증가했다. 2015년 기준으로 45,213종이었던 것이
2020년 기준으로 67,792종으로 늘어난 것이다.* 1인 출판 시장
이 활성화되고 전자책 출판이 쉽게 이루어지면서 출판되는 책의
수는 급속히 늘어가고 있다. 온라인 클래스에서 작가를 양성하
는 과정도 한몫하고 있다. 내가 사용하는 SNS에서는 그동안 게
시했던 글을 모아서 책으로 출판해 준다고 광고한다.

* 매일경제, '"콘셉트만 좋으면…" 9급 공무원·신입사원 책도 대박', 2021년 3월 7일.

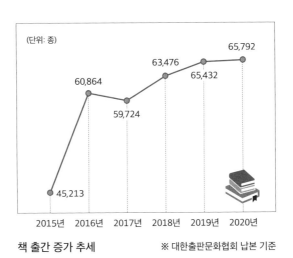

(단위: 종)

45,213
60,864
59,724
63,476
65,432
65,792

2015년 2016년 2017년 2018년 2019년 2020년

책 출간 증가 추세　　　　※ 대한출판문화협회 납본 기준

　한 분야의 전문가나 권위자가 오랜 기간의 축적된 경험과 지혜를 끌어내어 출판회사와 손잡고 편집 과정을 거쳐 책을 펴내는 게 일반적인 과정이다. 유명인이 언론에 기고한 칼럼을 모아서 출판하는 예도 있고 출판사가 전문가에게 기획 출판을 의뢰해 책을 내는 경우도 많다. 이러한 방식은 전문가의 특정 분야에 대한 고급 지식에 의존하는 것이다. 2016년부터 이러한 고전적인 방식이 파괴되고 있다. 나는 몇 권의 신간 서적 광고를 보고는 '이런 내용도 책으로 펴냈어?'라고 깜짝 놀랐다. 이런 책이 몇만 부 이상 팔린다는 게 믿기지 않았다. 한술 더 해 베스트셀러에 오르기도 하는 데는 어리둥절할 수밖에 없다. 반신반의하며 책

을 펼쳐보면 '오호라, 이건 내 이야기잖아!' 하고 감탄하게 된다.

누구나 책을 출간할 수 있다

나의 경험이 많든 적든, 한 분야에 오래 있었든 이제 진입했든 상관없이 책을 쓸 수 있다. 다른 사람과 차별화되는 아이템만 있으면 된다. 관심이 있는 분야에 통찰력만 생겼다면 작가가 될 수 있다. 글쓰기 실력이 걱정이라면 단기간에 문장을 쓸 수 있도록 도와주는 코칭그룹을 찾아보자. 주의를 기울여 보면 많이 발견할 수 있다. 글을 쓸 때 중요한 것은 나의 통찰력을 논리적으로 뒷받침하는 탄탄한 근거다. 흔히 통계와 지식, 유명인의 발언, 책 속 문장이 있다. 유명한 저자나 위인의 말들을 옮겨 적어둔 GC 카드는 내가 하고 싶은 이야기를 논리적으로 뒷받침해주는 데 필요한 도구가 된다.

　GC카드는 내가 책을 출간하는 계기를 제공해줬다. 독서 노트를 작성한 지는 20년이 넘었지만, 카드를 작성하고 분류하기 시작한 것은 2015년부터다. 매주 카드를 작성해 분류하고 같은 그룹에 속한 카드를 다시 읽으면서 새로운 생각들이 솟아났다. 책으로 한번 만들어봐야겠다고 생각하게 되었다.

지혜로운 자의 이야기가 카드박스 안에서 서로 섞이면서 새로운 이야기를 만들어내는 것을 가만히 두고만 볼 수 없었다. 거인의 어깨 위에 올라서서 세상을 바라보는 것만으로도 고마운 일인데 거인들을 이리저리 편집하다 보니 나도 거인의 어깨만큼은 자라게 되었다. 이 책을 집필하는 동안에도 수시로 카드를 꺼내 본다. 이 책의 독자들도 마찬가지의 경험을 할 것이라고 장담할 수 있다. 차곡차곡 카드를 쌓다 보면 얼마 지나지 않아 책을 쓰고 싶은 욕망이 생길 것이다.

문장 쓰기 연습도 할 겸 카드를 채우다 보면 금방 책 하나 정도의 분량은 나올 것이다. 나만의 통찰력을 키우는 훈련은 GC카드 만들기만으로 충분하다.

전 세계적인 위기 상황에서도
나를 구할 독서법

알베르 까뮈의 《페스트》는 알제리 해안에 면한 프랑스의 한 도청 소재지에 불과한 평범한 도시, '오랑'에서 벌어진 사건을 다룬 소설이다. 소설 속 페스트는 의사 베르나르 리유가 4월 16일 아침 '자기의 진찰실을 나서다가 층계참 한복판에서 죽어 있는 쥐 한 마리를 목격'하면서 시작되었다.

나는 이 책을 2020년 휴가철에 읽었다. 첫 장을 넘기면서 저자가 '오랑'이라는 도시를 묘사하는 장면에서부터 나는 소설의 매력에 빠졌다. '솔직히 말해서 도시 자체는 못생겼다'로 시작하는 글은 '봄이 온다는 것도 오직 바람결이나 어린 장사꾼들이 변두리 지역에서 가지고 오는 꽃 광주리를 보고서야 겨우 알 수 있다. 말하자면 시장에서 파는 봄인 것이다'라고 봄을 표현한 부분이 특히 인상 깊다. 이 책은 내게 두 가지 두려움을 줬다. 첫째, 페스트에 대한 공포와 인간의 무력함이다. 둘째, 까뮈의 예언이다. 까뮈는 소설의 마지막 부분에서 이렇게 이야기한다. '페스트는 결코 죽거나 소멸하지 않으며, 그 균은 수십 년간 가구나 옷가지들 속에서 잠자고 있을 수 있고, 방이나 지하실이나 트렁크나 손수건이나 낡은 서류 같은 것들 속에서 꾸준히 살아남아 있다가 아마 언젠가는 인간들에게 불행과 교훈을 가져다주기 위해 또다시 저 쥐들을 흔들어 깨워서 어느 행복한 도시로 그것들을 몰아넣어 거기서 죽게 할 날이 온다.'

페스트와 코로나19 바이러스는 크게 다르지 않다. 인간에게 고통과 무력감을 준다는 측면에서, 다시 또 올 것이라는 예감을 안겨주는 측면에서 그렇다. 유령처럼 번진 바이러스가 우리 삶의 대부분을 편집하고 있다. 혼자 술 마시기, 혼자 밥 먹기, 혼자 영화 보기, 혼자 보내는 시간이 많아지면서 독서 생활에는 좋은 환경이 되었다.

2021년 4월 트렌드 조사 회사(엠브레인 트렌드모니터)가 전국 성인 남녀 천 명을 대상으로 독서 문화와 관련한 인식을 조사한 결과, 외부활동을 자제하고 집에 혼자 있는 시간이 많아지면서

전 세계적인 위기 상황에서도
나를 구할 독서법

실제 독서량이 증가했다고 밝혔다. 2020년 이후 독서 경험자(전체 89.6%)의 절반 정도(46.9%)가 2019년과 비교했을 때 독서 시간과 독서량이 늘었다고 응답한 것이다. 특히 20대와 대학(원)생의 독서량이 눈에 띄게 늘었다. 전체의 45.9%가 '집에 오래 머물게 되면서 독서 시간이 늘었다'고 응답했다.[*]

나는 코로나19 시대에 독서 시간과 독서량이 늘어난 것에 고무되었지만 언제 다시 줄어들지 알 수 없는 일이다. 만약 자신의 의지와 상관없이 책을 읽는 시간이 늘었다면 독서를 그대로 계속 유지할 수 있는 시스템을 만드는 것은 지금 당장 시급하게 서두를 일이다. 이 책에서 소개하는 독서 기술을 통해 시스템을 만들어보자. 일주일 한 권 루틴 기술, GC카드로 정리하고 편집하면서 되새김질하는 기술, 꼬리에 꼬리를 무는 연결 독서 기술을 이번 기회에 내 것으로 만들어야 한다. 이와 함께 GC카드 200% 활용법도 익혀두면 좋겠다. 집에 있는 시간이 많아지면서 자녀와의 접촉도 불가피하게 되었다. 책과 함께 자녀와 시간을 보내기를 권한다. 직장에서는 회식이 뜸해졌기 때문에 감성적인 유대보다는 업무 능력이 중요한 평가 요인이 될 것이다. 이때 독서카드로 자신의 역량을 증대시켜 실적을 거둔다면 직장에서 인정

---

[*] 이데일리, '코로나19 '집콕' 길어지면서 독서량 늘어', 2021년 4월 16일.

에필로그

받는 직원이 될 것이다. 온라인 독서 모임을 활용하고 혼자 있는 조용한 시간에는 나만의 이야기를 써보기를 권한다. 이 책에서 권해주는 방법은 슬기로운 독서 생활의 지침이 될 것이다.

페스트와 코로나19 같은 바이러스가 다시 올까?《블랙스완》의 저자 나심 니콜라스 탈레브Nassim Nicholas Taleb는 검은 백조, 즉 '예상 밖의 사건, 우리가 계산한 확률 밖에 존재하는 사건'으로 든 예시는 다음과 같다. 1년 동안 집주인이 주는 먹이를 평안하게 받아먹다가 추수감사절을 맞이한 칠면조, 911 테러사건, 2008년 금융위기를 든다. 칠면조에게는 갑자기 일어난 사건이었지만 푸주한에게는 블랙스완이 아니었다. 911 테러는 공격을 계획하고 실행에 옮긴 테러리스트들에게는 검은 백조가 아니었다. 2008년 금융위기에 대해서도 동일하다고 저자는 강조한다. '그 위기는 지구상의 모든 경제학자, 저널리스트, 금융가에게는 검은 백조였지만, 나에게는 확실히 아니었다.'

페스트와 코로나19 바이러스도 일종의 블랙스완이라고 할 수 있다. 중요한 순간에 칠면조가 되지 않기 위해서는 어떻게 해야 할까?

저자는 '텔레비전을 끄고, 신문을 읽는 시간을 줄이고, 인터넷을 무시하라. 결정을 내리는 이성적 능력을 훈련하라. 감각적인 것과 경험적인 것을 구분하도록 스스로를 훈련'하면 보답을 얻게 되고 삶이 풍요로워질 것이라고 한다.

　과감하게 나는 말할 수 있다, 답은 책에 있다고. 칠면조가 될지, 파티를 주최하는 집주인이 될지는 지금 내가 보내는 시간에 달렸다.

추천 도서 목록

저자가 읽은 책 중 선별한 추천 도서 목록이다. 대부분 처음 책을 읽는 사람들이 쉽게, 무리 없이 읽을 수 있는 도서들로 골랐다. 책을 난생처음 읽는 사람이라면 1~55번 도서를 추천한다. 56번~77번 도서는 독서카드가 10개 이상 쌓였을 때 추천하는 책이다. 78번~90번 도서는 읽기 쉽지 않고, 벽돌책 읽기에 도전하고 싶은 사람에게 추천한다. 별표를 표시한 책은 평생에 꼭 한 번 읽기를 권하는 책이다.

		지은이(옮긴이)	도서명	출판사명	출간연도
1	★	최인철	프레임	21세기북스	2021년
2	★	김정운	에디톨로지	21세기북스	2018년
3		마르쿠스 툴리우스 키케로 (오흥식)	노년에 관하여	궁리출판	2002년
4		리처드 니스벳(최인철)	생각의 지도	김영사	2004년
5		스티븐 코비·김경섭	소중한 것을 먼저 하라	김영사	2002년
6		탁석산	탁석산의 글짓는 도서관	김영사	2005년
7		말콤 글래드웰(노정태)	아웃라이어	김영사	2019년
8		권정생	우리들의 하느님	녹색평론사	2008년
9		신영복	감옥으로부터의 사색	돌베개	2018년

10		윌리엄 진서(이한중)	글쓰기 생각하기	돌베개	2007년
11	★	리처드 탈러·캐스 선스타인 (이경식)	넛지	리더스북	2022년
12	★	에른스트 슈마허	작은 것이 아름답다	문예출판사	2022년
13	★	모옌	붉은 수수밭	문학과지성사	2014년
14		안도현	연어	문학동네	1996년
15	★	조지 오웰(정회성)	1984	민음사	2003년
16	★	조지 오웰(도정일)	동물농장	민음사	2001년
17		김승옥	무진기행	민음사	2007년
18		알베르 까뮈(김화영)	페스트	민음사	2011년
19		김혜진	딸에 대하여	민음사	2017년
20		윤흥길	장마	민음사	2005년
21		마스다 무네아키(이정환)	지적자본론	민음사	2015년
22		파블로 네루다(정현종)	네루다 시선	민음사	2007년
23		가와바타 야스나리(유숙자)	설국	민음사	2002년
24	★	헬렌 니어링(이석태)	아름다운 삶, 사랑 그리고 마무리	보리	2022년
25		고미숙	고미숙의 몸과 인문학	북드라망	2013년
26		버트런드 러셀(이순희)	행복의 정복	사회평론	2005년
27	★	장영희	문학의 숲을 거닐다	샘터	2022년
28		장영희	살아온 기적 살아갈 기적	샘터	2019년
29		올더스 헉슬리(안정효)	멋진 신세계	소담출판사	2015년
30		쑹훙빙(홍순도·차혜정)	화폐전쟁	알에이치코리아 (RHK)	2020년
31	★	유선경	어른의 어휘력	앤의서재	2023년
32		하퍼 리(김욱동)	앵무새 죽이기	열린책들	2015년

33		베르나르 베르베르(이세욱)	개미	열린책들	2023년
34	★	파트리크 쥐스킨트(김인순)	깊이에의 강요	열린책들	2020년
35		사이토 다카시(황선종)	독서력	웅진지식하우스	2015년
36		샌드라 거스(지여울)	묘사의 힘	윌북	2021년
37	★	헨리 데이비드 소로우(강승영)	월든	은행나무	2011년
38	★	잭 트라우트·알 리스(안진환)	포지셔닝	을유문화사	2021년
39	★	손케 아렌스(김수진)	제텔카스텐	인간희극	2023년
40	★	박웅현	책은 도끼다	인티N	2023년
41	★	기시미 이치로·고가 후미타케 (전경아)	미움받을 용기	인플루엔셜	2022년
42		헬레나 노르베리-호지(양희승)	오래된 미래	중앙북스	2015년
43		황석영	손님	창비	2001년
44		이태준	문장강화	창비	2017년
45		김영란	김영란의 책 읽기의 쓸모	창비	2016년
46		빌 게이츠(안진환)	생각의 속도	청림출판	1999년
47		빅터 프랭클(이시형)	빅터 프랭클의 죽음의 수용소에서	청아출판사	2020년
48		마크 롤랜즈(강수희)	철학자와 늑대	추수밭	2012년
49		위화	인생	푸른숲	2023년
50		조지 오웰(이한중)	나는 왜 쓰는가	한겨레출판	2010년
51	★	주제 사마라구(정영목)	눈먼 자들의 도시	해냄	2022년
52	★	미하이 칙센트미하이(이희재)	몰입의 즐거움	해냄	2021년
53		함민복	길들은 다 일가친척이다	현대문학	2009년
54	★	허먼 멜빌 지음, 레이먼드 비숍 그림(이종인)	모비 딕	현대지성	2022년
55		이문재	바쁜 것이 게으른 것이다	호미	2022년

56	★	루스 베네딕트(김윤식·오인석)	국화와 칼	을유문화사	2019년
57	★	니코스 카잔차키스(안정효)	그리스인 조르바	열린책들	2009년
58		토니 로빈스(홍석윤)	네 안에 잠든 거인을 깨워라	넥서스BIZ	2023년
59		헤르만 헤세(전영애)	데미안	민음사	2000년
60		김형수	문익환 평전	다산책방	2018년
61		염무웅	반걸음을 위한 현존의 요구	삶창	2015년
62		김구	백범일지	돌베개	2005년
63		백석	백석시전집	창비	1999년
64		나심 니콜라스 탈레브 (차익종·김현구)	블랙 스완	동녘사이언스	2018년
65	★	대니얼 카너먼(이창신)	생각에 관한 생각	김영사	2018년
66		알렉산드로 솔제니찐(김학수)	수용소 군도	열린책들	2020년
67		존 윌리엄스(김승욱)	스토너	알에이치코리아 (RHK)	2015년
68		하이디 토플러·앨빈 토플러 (김중웅)	앨빈 토플러 부의 미래	청림출판	2022년
69		할레드 호세이니(왕은철)	연을 쫓는 아이	현대문학	2022년
70	★	한나 아렌트(김선욱)	예루살렘의 아이히만	한길사	2006년
71		찰스 디킨스(이인규)	위대한 유산	민음사	2009년
72		리처드 도킨스(홍영남·이상임)	이기적 유전자	을유문화사	2018년
73	★	장자크 루소(고봉만)	인간 불평등 기원론	책세상	2018년
74		밀란 쿤데라	참을 수 없는 존재의 가벼움	민음사	2018년
75	★	한병철(김태환)	피로사회	문학과지성사	2012년
76		무라카미 하루키(김춘미)	해변의 카프카	문학사상	2008년

77		제롬 데이비드 샐린저(정영목)	호밀밭의 파수꾼	민음사	2023년
78		도날드 그라우트·클로드 팔리스카·피터 부르크 홀더 (민은기외 4인)	그라우트의 서양음악사	이앤비플러스	2007년
79		임헌영·리영희	대화	한길사	2005년
80		빅토르 위고(정기수)	레미제라블	민음사	2012년
81		제인 제이콥스(유강은)	미국 대도시의 죽음과 삶	그린비	2010년
82		최장집	민주화 이후의 민주주의	후마니타스	2010년
83		가브리엘 가르시아 마르케스 (안정효)	백년 동안의 고독	문학사상	2005년
84		카이 버드·마틴 서윈(최형섭)	아메리칸 프로메테우스	사이언스북스	2023년
85		장하석(오철우)	온도계의 철학	동아시아	2023년
86		존 스튜어트 밀(김중현)	자유론	펭귄클래식 코리아	2015년
87		찰리 채플린(이현)	찰리 채플린, 나의 자서전	김영사	2017년
88	★	김정운	창조적 시선	arte(아르테)	2023년
89		강신주	철학 VS 철학	오월의봄	2016년
90		승현준(신상규)	커넥톰, 뇌의 지도	김영사	2012년

추천 도서 목록

참고 도서

- 가와바타 야스나리 지음, 유숙자 옮김,《설국》, 민음사, 2002년.
- 권정생 지음,《우리들의 하느님》, 녹색평론사, 2008년.
- 고규홍 지음,《베토벤의 가계부》, 마음산책, 2013년.
- 김범준 지음,《모든 관계는 말투에서 시작된다》, 위즈덤하우스, 2017년.
- 김상균 지음,《메타버스》, 플랜비디자인, 2020년.
- 김영란 지음,《김영란의 책 읽기의 쓸모》, 창비, 2016년.
- 김영하 지음,《여행의 이유》, 문학동네, 2019년.
- 김윤태 지음,《불평등이 문제다》, 휴머니스트, 2017년.
- 김정운 지음,《에디톨로지》, 21세기북스, 2018년.
- 김현 지음,《행복한 책읽기》, 문학과지성사, 2015년.
- 김혜진 지음,《딸에 대하여》, 민음사, 2017년.
- 김혼비 지음,《우아하고 호쾌한 여자 축구》, 민음사, 2018년.
- 기시미 이치로·고가 후미타케 지음, 전경아 옮김,《미움받을 용기》, 일플루엔셜, 2022년.
- 김훈 지음,《칼의 노래》, 문학동네, 2012년.
- 녹색평론 편집부 지음,《녹색평론》, 녹색평론사, 계간.
- 나심 니콜라스 탈레브 지음, 차익종·김현구 옮김,《블랙 스완》, 동녘사이언스, 2018년.
- 니코스 카잔차키스 지음, 안정효 옮김,《영혼의 자서전》, 열린책들, 2009년.
- 니코스 카잔차키스 지음, 이윤기 옮김,《그리스인 조르바》, 열린책들, 2009년.

- 대니얼 카너먼 지음, 이창신 옮김,《생각에 관한 생각》, 김영사, 2018년.
- 도날드 그라우트·클로드 팔리스카·피터 부르크홀더 지음, 민은기 외 4인 옮김, 《그라우트의 서양음악사》, 이앤비플러스, 2007년.
- 도몬 휴유지 지음, 이정환 옮김,《도쿠가와 이에야스 인간경영》, 경영정신, 2022년.
- 레프 톨스토이 지음, 박형규 옮김,《안나 카레니나》, 문학동네, 2010년.
- 로버트 기요사키 지음, 안진환 옮김,《부자 아빠, 가난한 아빠》, 민음인, 2019년.
- 로버트 메이너드 피어시그 지음, 장경렬 옮김,《선과 모터사이클 관리술》, 문학과 지성사, 2010년.
- 루스 베네딕트 지음, 김윤식·오인석 옮김,《국화와 칼》, 을유문화사, 2019년.
- 리처드 도킨스 지음, 홍영남·이상임 옮김,《이기적 유전자》, 을유문화사, 2018년.
- 리처드 필립 파인만 지음, 김희봉 옮김,《파인만 씨 농담도 잘하시네》, 사이언스북스, 2000년.
- 마가렛 미첼 지음, 안정효 옮김,《바람과 함께 사라지다》, 열린책들, 2010년.
- 마르쿠스 툴리우스 키케로 지음, 오흥식 옮김,《노년에 관하여》, 궁리출판, 2002년.
- 마크 롤랜즈 지음, 강수희 옮김,《철학자와 늑대》, 추수밭, 2012년.
- 막스 뮐러 지음, 붉은여우 옮김,《독일인의 사랑》, 지식의숲, 2013년.
- 매일경제지식프로젝트팀 지음,《지식혁명보고서》, 매일경제신문사, 1998년.
- 모니카 마론 지음, 김미선 옮김,《슬픈 짐승》, 문학동네, 2010년.
- 모옌 지음, 심혜영 옮김,《붉은 수수밭》, 문학과지성사, 2014년.
- 문요한 지음,《여행하는 인간》, 해냄, 2016년.
- 문유석 지음,《개인주의자 선언》, 문학동네, 2022년.
- 미겔 데 세르반테스 지음, 민용태 옮김,《모범소설집》, 창비, 2020년.
- 미겔 데 세르반테스 지음, 안영옥 옮김,《돈키호테》, 열린책들, 2014년.
- 미하이 칙센트미하이 지음, 이희재 옮김,《몰입의 즐거움》, 해냄, 2021년.
- 밀란 쿤데라 지음, 이재룡 옮김,《정체성》, 민음사, 2012년.

참고 도서

- 밀란 쿤데라 지음, 이재룡 옮김,《참을 수 없는 존재의 가벼움》, 민음사, 2018년.
- 박용수 지음,《바흐 평전》, 유비, 2011년.
- 박웅현 지음,《책은 도끼다》, 인티N, 2023년.
- 박주영 지음,《어떤 양형 이유》, 모로, 2023년.
- 밥 딜런 지음, 양은모 옮김,《바람만이 아는 대답》, 문학세계사, 2010년.
- 백석 지음,《백석시전집》, 창비, 1999년.
- 버나드 칼슨 지음, 박인용 옮김,《니콜라 테슬라 평전》, 반니, 2015년.
- 베르나르 베르베르 지음, 이세욱 옮김,《개미》, 열린책들, 2023년.
- 베르나르 베르베르 지음, 이세욱 옮김,《뇌》, 열린책들, 2023년.
- 빅터 프랭클 지음, 이시형 옮김,《빅터 프랭클의 죽음의 수용소에서》, 청아출판사, 2020년.
- 스베틀라나 알렉시예비치 지음, 박은정 옮김,《전쟁은 여자의 얼굴을 하지 않았다》, 문학동네, 2015년.
- 스티븐 코비, 김경섭 지음,《소중한 것을 먼저하라》, 김영사, 2002년.
- 승현준 지음, 신상규 옮김,《커넥톰, 뇌의 지도》, 김영사, 2014년.
- 신경림 지음,《신경림의 시인을 찾아서》, 우리교육, 2010년.
- 신상훈 지음,《직장인 열에 아홉은 묻고 싶은 질문들》, 위즈덤하우스, 2013년.
- 쑹훙빙 지음, 홍순도·차혜정 옮김,《화폐전쟁》, 알에이치코리아(RHK), 2020년.
- 알랭 드 보통 지음, 정영목 옮김,《여행의 기술》, 청미래, 2011년.
- 알렉산드로 솔제니찐 지음, 김학수 옮김,《수용소군도》, 열린책들, 2020년.
- 알베르 까뮈 지음, 김화영 옮김,《페스트》, 민음사, 2011년.
- 앤서니 앳킨슨 지음, 장경덕 옮김,《불평등을 넘어》, 글항아리, 2015년.
- 에드워드 윌슨 지음, 최재천, 장대익 옮김,《통섭 지식의 대통합》, 사이언스북스, 2005년.
- 에른스트 슈마허, 이상호 지음,《작은 것이 아름답다》, 문예출판사, 2022년.

부록

- 엔리코 모레티 지음, 송철복 옮김,《직업의 지리학》, 김영사, 2014년.
- 오카다 다카시 지음, 김해용 옮김,《나는 왜 혼자가 편할까?》, 동양북스, 2022년.
- 움베르토 에코 지음, 이윤기 옮김,《푸코의 진자》, 열린책들, 2021년.
- 임우진 지음,《보이지 않는 도시》, 을유문화사, 2022년.
- 위화 지음, 박지영 옮김,《세상사는 연기와 같다》, 푸른숲, 2007년.
- 위화 지음, 백원담 옮김,《인생》, 푸른숲, 2023년.
- 위화 지음, 이보경 옮김,《내게는 이름이 없다》, 푸른숲, 2007년.
- 위화 지음, 최용만 옮김,《허삼관 매혈기》, 푸른숲, 2023년.
- 유선경 지음,《어른의 어휘력》, 앤의서재, 2023년.
- 이덕일 지음,《조선왕조실록》, 다산초당, 2022년.
- 이동신 지음,《퇴직하기 전에 미리 알았더라면》, 이코노믹북스, 2022년.
- 《이상문학상 작품집》, 문학사상, 매년.
- 임승수 지음,《새로 쓴 원숭이도 이해하는 자본론》, 시대의창, 2016년.
- 임헌영, 리영희 지음,《대화》, 한길사, 2005년.
- 장영희 지음,《문학의 숲을 거닐다》, 샘터, 2022년.
- 장영희 지음, 정일 그림,《살아온 기적 살아갈 기적》, 샘터, 2019년.
- 장 자크 루소 지음, 고봉만 옮김,《인간 불평등 기원론》, 책세상, 2018년.
- 장하석 지음, 오철우 옮김,《온도계의 철학》, 동아시아, 2013년.
- 잭 캔필드·케이 핸드릭스 지음, 손정숙 옮김,《내 인생을 바꾼 한 권의 책》, 리더스북, 2020년.
- 정임식 지음,《신지식인이 21세기를 이끈다》, 책이있는마을, 1999년.
- 제레미 시프먼 지음, 김병화 옮김,《베토벤, 그 삶과 음악》, 포토PHONO, 2010년.
- 제인 제이콥스 지음, 유강은 옮김,《미국 대도시의 죽음과 삶》, 그린비, 2010년.
- 조남주 지음,《82년생 김지영》, 민음사, 2016년.
- 존 스튜어트 밀 지음, 김중현 옮김,《자유론》, 펭귄클래식코리아, 2015년.

- 존 윌리엄스 지음, 김승욱 옮김, 《스토너》, 알에이치코리아(RHK), 2015년.
- 주제 사라마구 지음, 정영목 옮김, 《눈먼 자들의 도시》, 해냄, 2022년.
- 찰리 채플린 지음, 이현 옮김, 《찰리 채플린, 나의 자서전》, 김영사, 2007년.
- 최성일 지음, 《어느 인문주의자의 과학책 읽기》, 연암서가, 2011년.
- 최인철 지음, 《굿 라이프》, 21세기북스, 2018년.
- 카이 버드·마틴 셔윈 지음, 최형섭 옮김, 《아메리칸 프로메테우스》, 사이언스북스, 2023년.
- 토마 피케티 지음, 장경덕 옮김, 《21세기 자본》, 글항아리, 2014년.
- 파크리크 쥐스킨드 지음, 강명순 옮김, 《향수》, 열린책들, 2020년.
- 파트리크 쥐스킨트 지음, 김인순 옮김, 《깊이에의 강요》, 열린책들, 2020년.
- 폴 투르니에 지음, 강주헌 옮김, 《노년의 의미》, 포이에마, 2015년.
- 한나 아렌트 지음, 김선욱 옮김, 《예루살렘의 아이히만》, 한길사, 2006년.
- 한종선 지음, 《살아남은 아이》, 리젬, 2014년.
- 함민복 지음, 《길들은 다 일가친척이다》, 현대문학, 2009년.
- 헤르만 헤세 지음, 전영애 옮김, 《데미안》, 민음사, 2000년.
- 형제복지원구술프로젝트 지음, 《숫자가 된 사람들》, 오월의봄, 2015년.

제 목	저 자	옮긴이

날짜._____

No._____

GC카드

"간직하고 싶은 문장 Copy"

"책 내용 Contents"

"획득 Gain" (정보, 지식, 지혜, 카타르시스, 위로, 힐링, 정신적 즐거움 등)

"변화 Change" (행동 또는 생각의 변화)

©허필우

제목	저자	옮긴이

날짜._____

No._____

GC 카드

"간직하고 싶은 문장 Copy"

"책 내용 Contents"

"획득 Gain" (정보, 지식, 지혜, 카타르시스, 위로, 힐링, 정신적 즐거움 등)

"변화 Change" (행동 또는 생각의 변화)

ⓒ허필우

제목	저자	옮긴이	날짜._____
			No._____

GC 카드

"간직하고 싶은 문장 Copy"

"책 내용 Contents"

"획득 Gain" (정보, 지식, 지혜, 카타르시스, 위로, 힐링, 정신적 즐거움 등)

"변화 Change" (행동 또는 생각의 변화)

ⓒ허필우

제목	저자	옮긴이	날짜._____
			*No.*_____

GC 카드

"간직하고 싶은 문장 Copy"

"책 내용 Contents"

"획득 Gain" (정보, 지식, 지혜, 카타르시스, 위로, 힐링, 정신적 즐거움 등)

"변화 Change" (행동 또는 생각의 변화)

ⓒ허필우

제 목	저 자	옮긴이	날짜. _____
			No. _____

GC 카드

"간직하고 싶은 문장 Copy"

"책 내용 Contents"

"획득 Gain" (정보, 지식, 지혜, 카타르시스, 위로, 힐링, 정신적 즐거움 등)

"변화 Change" (행동 또는 생각의 변화)

ⓒ허필우

제목	저 자	옮긴이	날짜._____
			No._____

GC 카드

"간직하고 싶은 문장 Copy"

"책 내용 Contents"

"획득 Gain" (정보, 지식, 지혜, 카타르시스, 위로, 힐링, 정신적 즐거움 등)

"변화 Change" (행동 또는 생각의 변화)

ⓒ허필우

한 번 읽은 책은
절대 잊지 않는다

1판 1쇄 발행 2023년 12월 15일
1판 5쇄 발행 2024년 7월 10일

지은이 허필우

발행인 양원석 **편집장** 김건희 **책임편집** 이수민
디자인 남미현, 김미선 **영업마케팅** 조아라, 한혜원, 정다은 박윤하

펴낸 곳 ㈜알에이치코리아
주소 서울시 금천구 가산디지털2로 53, 20층 (가산동, 한라시그마밸리)
편집문의 02-6443-8904 **도서문의** 02-6443-8800
홈페이지 http://rhk.co.kr
등록 2004년 1월 15일 제2-3726호

ISBN 978-89-255-7560-5 (03190)